## 모든 언어는 평등하다

지구상의 모든 언어는
인류 공동체 문명 발전의 발자취입니다.
힘이 센 나라의 언어라 해서 더 좋거나 더 중요한 언어가 아닌 것처럼,
많은 사람들이 쓰지 않는 언어라 해서 덜 좋거나 덜 중요한 언어는 아닙니다.

문화 다양성에 따른 언어 다양성은 인류가 서로 견제하고
긍정적인 자극을 주고받으며 소통, 발전할 수 있는 계기가 됩니다.
그러나 안타깝게도 현재 일부 언어가 '국제어'라는 이름 아래
전 세계 사람들에게 강요되고 있습니다.

언어평등의 꿈은 전 세계 모든 언어를 학습할 수 있는 어학 콘텐츠를
개발하는 것입니다. 어떠한 언어에도 우위를 주지 않고, 다양한 언어의 고유
가치를 지켜나가겠습니다. 누구나 배우고 싶은 언어를 자유롭게 선택해서
배울 수 있도록 더욱 정진하겠습니다.

---

언어평등은 문예림의 아날로그와 디지털을 아우르는
어학 콘텐츠 브랜드입니다.
60년째 언어 생각뿐.

## 언어평등 시리즈 첫걸음

ARCTIC OCEAN

NORTH PACIFIC
OCEAN

NORTH ATLANTIC
OCEAN

SOUTH PACIFIC
OCEAN

SOUTH ATLAN
OCEAN

언어평등은 누구나 평등하고 자유롭게 전 세계 모든 언어를
학습할 수 있도록 여러분과 함께 할 것입니다.

---

불가리아어는 불가리아 공화국의 공용어로, 인도유럽어족 슬라브어파 남슬라브어군에
속한다. 전 세계에서 불가리아어를 사용하는 인구는 약 1,000만 명 정도로 추산된다.
불가리아어의 표기 체계인 키릴 문자는 불가리아를 포함한 유럽 및 아시아(러시아,
북마케도니아, 벨라루스, 우크라이나, 세르비아, 키르기스스탄, 타지키스탄, 카자흐스탄,
몽골 등) 등지에서 사용되고 있다.

## 동영상 강의 시청하기

언어평등(www.EQlangs.com)에서 구매하면
해당 도서의 강의를 보실 수 있습니다.
저자가 알려주는 언어 이야기도 보실 수 있습니다.

### MP3 다운로드 방법

**1단계**
언어평등(www.EQlangs.com) 사이트
고객센터 - 자료실 - MP3 들어오기

**2단계**
제목_____에 찾고자 하는
도서명을 입력 후 검색하세요.

www.EQlangs.com

평등한 언어 세상을 위한 시작

# 불가리아어 첫걸음

평등한 언어 세상을 위한 시작

# 불가리아어 첫걸음

Към свят, в който всички езици са равни

Първи стъпки в българския език

언어평등

## 평등한 언어 세상을 위한 시작
# 불가리아어 첫걸음

**초판 1쇄 인쇄** 2022년 9월 13일
**초판 1쇄 발행** 2022년 9월 23일

**지은이** 제갈현우
**펴낸이** 서덕일
**펴낸곳** 언어평등

**기획** 서민우  **편집진행 및 교정** 조소영  **본문 디자인** 문인주
**표지 및 부속 디자인** 박정호  **오디오 녹음** 이니스닷컴  **동영상 촬영** 이큐스튜디오
**제작대행** 올인피앤비

**출판등록** 2018.6.5 (제2018-63호)
**주소** 경기도 파주시 회동길 366 3층 (10881)
**전화** (02) 499-1281~2  **팩스** (02) 499-1283
**전자우편** eqlangs@moonyelim.com
**홈페이지** www.EQlangs.com

이 책은 저작권법에 의해 보호를 받는 저작물이므로 무단 복제 · 전재 · 발췌할 수 없습니다.
잘못된 책은 구입하신 곳에서 교환해 드립니다.

**ISBN** 979-11-92673-00-4 (13790)
**값** 15,000원

---

세계 언어와 문화, 문예림
언어평등 〈모든 언어는 평등하다〉 디지털과 아날로그 아우르는 어학 콘텐츠
오르비타 〈위대한 작은 첫걸음〉 성인 어학 입문. 파닉스(영유아, 어린이 어학교재)
심포지아 〈세상에 대한 담론과 향연〉 나라와 도시 여행, 역사, 문화 등
파쿨라  〈지성을 밝히는 횃불〉 어문학, 언어학 학술도서

## 머리말

### Prologue

『불가리아어 첫걸음』은 불가리아어 입문자들을 위한 어학 교재입니다. 키릴 문자(Кирилица, 끼릴리짜)부터 발음, 회화, 어휘, 표현, 문법 그리고 연습 문제에 이르기까지 불가리아어를 쉽고 알차게 배울 수 있도록 구성되어 있습니다. 그중에서도 기본적이고 실용적인 표현에 중점을 두어 다양한 상황에서의 활용도를 높였습니다. 원어민의 정확한 발음을 들을 수 있는 오디오 파일을 지원하고 온라인 강의 속 자세한 설명과 해설을 통해 학습에 대한 이해를 도웁니다.

새로운 언어를 배우고 공부한다는 것은 그 나라를 이해하는 첫걸음이라는 점에서 매우 흥미롭고 가치 있는 일입니다. 불가리아의 매력이 더욱 널리 알려지기를 바라는 한 사람으로서 본 교재가 불가리아어 공부를 시작하고자 하는 모든 분들께 작은 보탬이 되기를 진심으로 바랍니다. 마지막으로, 불가리아학과의 발전을 기원하며 본 교재의 출판을 도와주신 문예림 출판사 관계자분들과 Људмила Атанасова 교수님께 감사의 말씀을 드립니다.

제갈현우

## 이 책의 구성 및 학습법

### ◯ Азбука и произношение  알파벳과 발음

**문자는 2차적인 기억의 시스템이다**

알파벳부터 발음, 강세, 관련 규칙까지 불가리아어에 대하여 개괄적으로 소개합니다.

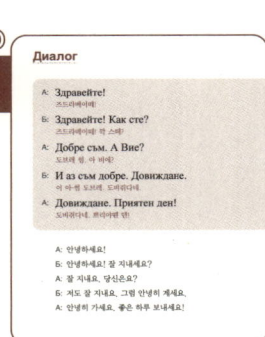

### ◯ Диалози  회화

**경청은 지혜의 특권이다**

각 강의 학습 내용에 기본이 되는 대표 대화문을 소개합니다. 초보자의 학습에 도움이 되도록 5강까지는 한국어 독음을 표기하였습니다.

### ◯ Лексика  어휘

**단어의 이미지는 견고하다**

각 강의 대화에 등장하는 어휘를 정리하였습니다. 상황과 이미지를 연상하면서 어휘를 기억하도록 합니다.

Guide

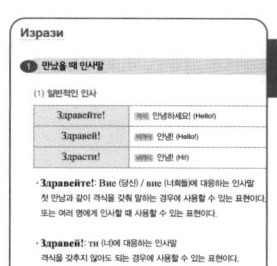

## Изрази  표현

인류는 소통했기에 생존하였다

각 강에서 학습한 내용을 응용하여 말할 수 있는 다양한 문장을 제시하였습니다.

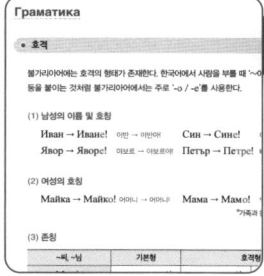

## Граматика  문법

언어는 본능이 아니다

핵심 문법 사항을 공부하고, 문법과 관련된 예문을 통해 문장을 이해하고 문장 활용 능력을 키웁니다.

## Упражнения  연습 문제

말할 권리를 절대 옹호한다

각 강에서 학습한 내용을 정리합니다. 불가리아어를 말할 수 있는지 스스로 확인하고 복습하도록 합니다.

---

축약 표기

형 = 형용사    부 = 부사    명 = 명사    동 = 동사    형 [남성 – 여성 – 중성 – 복수]

명 단 단수 – 복 복수                              동 불 불완료형 / 완 완료형

## 차 례

- 머리말 ... 5
- 이 책의 구성 및 학습법 ... 6
- 준비학습 ... 10

**УРОК 01** 인사말 — **Здравейте!** 안녕하세요! ... 24

**УРОК 02** 감사와 사과 — **Благодаря.** 감사합니다. ... 33

**УРОК 03** 첫 만남과 이름 소개 — **Приятно ми е.** 만나서 반갑습니다. ... 40

**УРОК 04** 출신 국가와 국적 — **Откъде сте?** 어디에서 오셨나요? ... 47

**УРОК 05** 직업과 언어 — **Говорите ли български?** 불가리아어를 할 줄 아세요? ... 53

**УРОК 06** 사물과 소유 — **Какво е това?** 이것은 무엇인가요? ... 62

**УРОК 07** 숫자 — **Едно, две, три** 하나, 둘, 셋 ... 73

**УРОК 08** 가격과 계산 — **Колко струва?** 얼마예요? ... 80

**УРОК 09** 시각과 시간 — **Колко е часът?** 몇 시인가요? ... 90

**УРОК 10** 날짜와 기념일 — **Коя дата е днес?** 오늘이 며칠인가요? ... 98

Contents

| УРОК 11 | Извинете, къде е тоалетната? | |
|---|---|---|
| 장소와 위치 | 실례합니다만, 화장실이 어딘가요? | 108 |

| УРОК 12 | Офисът наблизо ли е? | |
|---|---|---|
| 이동과 거리 | 회사가 근처에 있나요? | 119 |

| УРОК 13 | Как да стигна до центъра? | |
|---|---|---|
| 집과 교통수단 | 시내까지 어떻게 가나요? | 130 |

| УРОК 14 | Те са приятелите ми. | |
|---|---|---|
| 가족과 친구 | 그들은 나의 친구들입니다. | 139 |

| УРОК 15 | Болят ме главата и гърлото. | |
|---|---|---|
| 안부와 건강 | 머리와 목이 아파요. | 150 |

| УРОК 16 | Какво обичате да правите през почивните дни? | |
|---|---|---|
| 호불호와 취미 | 쉬는 날에 뭐 하는 걸 좋아하세요? | 162 |

| УРОК 17 | Ще се видим утре! | |
|---|---|---|
| 전화 통화와 약속 | 우리 내일 봐요! | 174 |

| УРОК 18 | Времето днес е много хубаво. | |
|---|---|---|
| 날씨와 계획 | 오늘 날씨 정말 좋다. | 186 |

| УРОК 19 | Имам резервация за 7 часа на името на Петър Иванов. | |
|---|---|---|
| 예약과 주문 | 뻬떠르 이바노프 이름으로 7시에 예약했어요. | 195 |

| УРОК 20 | Знам, че ти е мечта да пътуваш по света. | |
|---|---|---|
| 꿈과 경험 | 세계 일주가 네 꿈인 거 알지. | 205 |

• 해답 ... 218

# 준비학습

## 1 불가리아어 알파벳　🎧 0-1

현대 불가리아어 알파벳은 총 30개의 글자로 구성되어 있다.

| 인쇄체 | 로마자 발음 | 한국어 발음 | 인쇄체 | 로마자 발음 | 한국어 발음 |
|---|---|---|---|---|---|
| А а | [a] | [아] | П п | [p] | [쁘], [프] |
| Б б | [b] | [브] | Р р | [r] | [르] |
| В в | [v] | [브] | С с | [s] | [쓰], [스] |
| Г г | [g] | [그] | Т т | [t] | [뜨], [트] |
| Д д | [d] | [드] | У у | [u] | [우] |
| Е е | [e] | [에] | Ф ф | [f] | [프] |
| Ж ж | [zh] | [쥬] | Х х | [h] | [흐] |
| З з | [z] | [즈] | Ц ц | [ts] | [쯔] |
| И и | [i] | [이] | Ч ч | [tch] | [츄] |
| Й й* | [y] | 짧게 [이] | Ш ш | [sh] | [슈] |
| К к | [k] | [끄], [크] | Щ щ | [sht] | [슈뜨] |
| Л л | [l] | [르] | Ъ ъ* | [ə] | [으], [어] |
| М м | [m] | [므] | – ь* | [∅] | — |
| Н н | [n] | [느] | Ю ю | [yu] | [유] |
| О о | [o] | [오] | Я я | [ya] | [야] |

> 참고 💡

Й й / Ъ ъ / ь 는 별도의 정식 명칭이 존재한다.

| 알파벳 | Й й | Ъ ъ | ь |
|---|---|---|---|
| 명칭 | и-кратко [이 끄라뜨꼬] | ер-голям [에르 골럄] | ер-малък [에르 말럭] |
| 의미 | 짧은 и | 큰 ер | 작은 ер |

## 2 발음과 강세 🎧 0-2

불가리아어는 일반적으로 철자 그대로 읽어 발음한다. 강세는 별도의 기호 없이 모음에 위치한다. 본 교재는 강세의 위치에 따라 발음상 동일한 단어의 의미가 달라질 수 있는 특별한 경우에 한해서 〔 ' 〕와 같은 강세 표시로 구분하였다.

〈모음〉

| А а | Е е | И и |
|---|---|---|
| [a], [아] | [e], [에] | [i], [이] |
| азбука 알파벳 [azbuka], [아즈부까] | език 언어, 혀 [ezik], [에짘] | име 이름 [ime], [이메] |

| О о | У у | Ъ ъ |
|---|---|---|
| [o], [오] | [u], [우] | [ー] + [ㅓ] → [ə], [으], [어] |
| огледало 거울 [ogledalo], [오글레달로] | урок 레슨, ~과, ~강 [urok], [우롴] | ъгъл 코너, 구석, 모퉁이 [əgəl], [으어그얼] → [으글], [어걸] |

〈반모음〉

| Й й | ь |
|---|---|
| 짧게 [y], [이] | 단독 음가 없음 → ьо = [yo], [요] |
| йога 요가 [yoga], [이오가] → [요가], [여가] | асансьор 엘리베이터 [asansyor], [아싼쑈르] |

* ь는 단어의 맨 앞이나 뒤에 올 수 없어 대문자가 존재하지 않고 ьо의 형태로만 사용된다.

〈이중모음〉

| Ю ю | Я я |
|---|---|
| [yu], [유] | [ya], [야] |
| ютия 다리미 [yutiya], [유띠야] | ябълка 사과 [yabəlka], [야벌까] |

⟨자음⟩

| Бб | Вв | Гг | Дд |
|---|---|---|---|
| [b], [ㅂ] | [v], [ㅂ] | [g], [ㄱ] | [d], [ㄷ] |
| България 불가리아 [bəlgariya], [벌가리야] | вода 물 [voda], [보다] | гора 숲 [gora], [고라] | да 예 (yes) [da], [다] |

| Жж | Зз | Кк | Лл |
|---|---|---|---|
| [zh], [쥬] | [z], [ㅈ] | [k], [ㄲ], [ㅋ] | [l], [ㄹ] |
| жена 여자 [zhena], [줴나] | здраве 건강 [zdrave], [즈드라베] | Корея 한국 [koreya], [꼬레야] | легло 침대 [leglo], [레글로] |

| Мм | Нн | Пп | Рр |
|---|---|---|---|
| [m], [ㅁ] | [n], [ㄴ] | [p], [ㅃ], [ㅍ] | [r], [ㄹ] |
| майка 어머니 [mayka], [마이까] | не 아니오 (no) [ne], [네] | песен 노래 [pesen], [뻬쎈] | роза 장미 [roza], [로자] |

| Сс | Тт | Фф | Хх |
|---|---|---|---|
| [s], [ㅆ], [ㅅ] | [t], [ㄸ], [ㅌ] | [f], [ㅍ] | [h], [ㅎ] |
| стол 의자 [stol], [쓰똘] | топка 공 [topka], [또쁘까] | футбол 축구 [futbol], [풋볼] | храна 음식 [hrana], [흐라나] |

| Цц | Чч | Шш | Щщ |
|---|---|---|---|
| [ts], [ㅉ] | [tch], [ㅊ] | [sh], [슈] | [sht], [슈뜨] |
| център 중심, 도심 [tsenər], [쩬떠르] | чай 차 (tea) [tchay], [챠이] | шал 스카프 [shal], [샬] | щастие 행복 [shtastie], [슈따쓰띠에] |

* Дж / Дз

불가리아어 중에는 간혹 Дж 또는 Дз로 시작하는 단어가 있다. 이때 Дж와 Дз의 발음은 각각 [드쥬]와 [드즈]가 아닌 한 음절로 ж와 з를 강하게 발음하는 것에 가깝다.

| Дж | Дз |
|---|---|
| [dzh], [쥬] | [dz], [즈] |
| джинси 청바지<br>[dzhinsi], [쥔씨] | дзън 종, 방울 등이 울리는 소리<br>[dzən], [즈언] → [즌], [전] |

## (1) 발음 규칙

⟨모음 동화⟩

불가리아어의 모음은 강세를 받아 본래 음가대로 발음된다. 간혹 강세를 받지 못하는 모음에 한하여 'а – ъ', 'е – и', 'о – у' 간의 발음이 서로 동화되는 경우가 있지만 이는 실생활 속 의사소통에 큰 지장을 주지 않기 때문에 제 음가 그대로 발음해도 무방하다.

⟨자음 동화⟩

불가리아어의 자음은 유성음과 무성음으로 분류된다.

| 유성음 | 무성음 |
|---|---|
| 발음할 때 성대의 진동이 느껴지는 울림소리 | 발음할 때 성대의 진동이 없는 안울림소리 |
| б, в, г, д, ж, з 등 | п, ф, к, т, ш, с 등 |

다음의 유성음과 무성음은 하나씩 짝을 이뤄 서로의 발음으로 동화되는 경우가 존재한다.

| 유성음 – 무성음 | | | | | |
|---|---|---|---|---|---|
| б – п | в – ф | г – к | д – т | ж – ш | з – с |
| [b] – [p] | [v] – [f] | [g] – [k] | [d] – [t] | [zh] – [sh] | [z] – [s] |

* 단어의 마지막 음절로 유성음이 오는 경우  🎧 0-3

| | | | |
|---|---|---|---|
| б → п | боб | 콩 | [bop], [봅] |
| в → ф | любов | 사랑 | [lyubof], [류봎] |
| г → к | сняг | 눈 (snow) | [snyak], [쓰냨] |
| д → т | град | 도시 | [grat], [그랕] |
| ж → ш | мъж | 남자 | [məsh], [머슈] |
| з → с | аз | 나 | [as], [아쓰] |

* 유성음과 무성음이 연달아 오는 경우 (이때 무성음 x 추가)

| | | | |
|---|---|---|---|
| в → ф | автобус | 버스 | [aftobus], [아프또부쓰] |
| | всичко | 전부, 모든 것 | [fsitchko], [프씨츠꼬] |
| | вкъщи | 집에서 | [fkəshti], [프꺼슈띠] |
| | в хола | 거실에서 | [f hola], [프 홀라] |
| | във вторник | 화요일에 | [vəf ftornik], [버프 프또르닠] |
| д → т | тетрадка | 공책 | [tetratka], [떼뜨라뜨까] |
| ж → ш | бележка | 메모 | [beleshka], [벨레슈까] |
| з → с | изпит | 시험 | [ispit], [이쓰삗] |
| | изключвам | 제외하다 | [isklyutchvam], [이쓰끌류츠밤] |
| | изток | 동쪽 | [istok], [이쓰톢] |

* 무성음과 유성음이 연달아 오는 경우 (이때 유성음 в 제외)

| | | | |
|---|---|---|---|
| з ← с | сграда | 건물 | [zgrada], [즈그라다] |

> 참고 💡

축약어에 사용된 모음은 그대로 발음하는 한편 자음의 경우 [에], [아], [으] 등을 덧붙인다.

| | | |
|---|---|---|
| ж.к. (жилищен комплекс) | 대단지, 주택가 | [줴까] |
| НДК (Национален дворец на културата) | 국립 문화 센터 | [엔데카] |
| ГЕРБ (Граждани за европейско развитие на България) | 불가리아의 유럽발전시민당 | [게르브] |
| БСП (Българска социалистическа партия) | 불가리아 사회당 | [베쎄페] |

## (2) 발음 연습　　🎧 0-4

| | | | |
|---|---|---|---|
| агне | автор | работа | рокля |
| баща | бюро | стая | сезон |
| влак | всички | труд | тайна |
| гост | грешка | ухо | улица |
| днес | добре | филм | фотоапарат |
| елен | езеро | хляб | художник |
| живот | жираф | цвете | цигулка |
| зима | захар | човек | чадър |
| игла | история | шунка | шоколад |
| йоника | Йемен | щат | щъркел |
| ключ | куче | ъгъл | ъглест |
| лампа | лодка | шофьор | сервитьор |
| място | музей | юг | юли |
| нож | нужда | яйце | януари |
| ориз | облак | джаз | джудже |
| писмо | прозорец | дзън | дзадзики |

| | |
|---|---|
| Аз съм от България. | Как сте Вие? |
| Ти си от Южна Корея. | Откъде сте вие? |
| Той е студент. | Ние студенти ли сме? |
| Тя не е студентка. | Те са български студентки. |

(3) 쓰기 연습

| А а | А а |
|---|---|
| Б б | Б б |
| В в | В в |
| Г г | Г г |
| Д д | Д д |
| Е е | Е е |
| Ж ж | Ж ж |
| З з | З з |
| И и | И и |
| Й й | Й й |
| К к | К к |
| Л л | Л л |
| М м | М м |
| Н н | Н н |
| О о | О о |

| | |
|---|---|
| П п | П п |
| Р р | Р р |
| С с | С с |
| Т т | Т т |
| У у | У у |
| Ф ф | Ф ф |
| Х х | Х х |
| Ц ц | Ц ц |
| Ч ч | Ч ч |
| Ш ш | Ш ш |
| Щ щ | Щ щ |
| Ъ ъ | Ъ ъ |
| ь | ь |
| Ю ю | Ю ю |
| Я я | Я я |

## 3 불가리아어의 문법적 특징

### (1) 주격 인칭대명사

| 주격 인칭대명사 ||
|---|---|
| аз | 나 |
| ти | 너 |
| той | 그 |
| тя | 그녀 |
| то | 그것 |
| ние | 우리 |
| Вие / вие | 당신 / 너희들 |
| те | 그들 |

> 참고

**| Вие와 вие 비교 |**

Вие는 '당신'을 뜻하는 존칭이며 вие는 '너희들'을 의미한다. 각각 대문자와 소문자로 표기하여 의미상의 차이를 구분할 뿐 해당 단어의 격변화와 그에 따른 동사 형태는 모두 동일하다.

| 대문자와 소문자에 따른 구분 ||
|---|---|
| Как сте Вие? 당신은 잘 지내시나요? | Как сте вие? 너희들은 잘 지내니? |

| 상황과 문맥에 따른 구분 ||
|---|---|
| Как сте? (당신은) 잘 지내시나요? | Как сте? (너희들은) 잘 지내니? |

| 단수와 복수에 따른 구분 ||
|---|---|
| Вие сте студент. 당신은 대학생입니다. | Вие сте студенти. 너희들은 대학생들이다. |

**(2) 동사의 형태 변화**

불가리아어의 동사는 'съм 동사'와 '일반동사'로 구분하며 주격 인칭대명사에 따라 형태가 변화한다.

**⟨съм 동사의 현재시제⟩**

съм 동사는 영어의 be 동사와 같은 역할을 하며 '∼은, ∼는, ∼이, ∼가'로 해석한다.

| 주격 인칭대명사 | съм 동사의 현재시제 형태 |
|---|---|
| аз | съм |
| ти | си |
| той / тя / то | е |
| ние | сме |
| Вие / вие | сте |
| те | са |

− съм 동사의 형태를 통해 문장의 주어를 유추할 수 있다.

    Аз съм студент / студентка. → Студент / Студентка съм.
    나는 대학생이다. (남/여)

    Ти си студент / студентка. → Студент / Студентка си.
    너는 대학생이다. (남/여)

    Ние сме студенти / студентки. → Студенти / Студентки сме.
    우리는 대학생들이다. (남/여)

    Те са студенти / студентки. → Студенти / Студентки са.
    그들은 대학생들이다. (남/여)

− 문맥 또는 성과 수의 개념 등을 통해 문장의 주어를 유추해야 하는 경우도 있다.

    Той е студент. → Студент е.
    그는 대학생이다.

    Тя е студентка. → Студентка е.
    그녀는 대학생이다.

    Вие сте студент / студентка. → Студент / Студентка сте.
    당신은 대학생이다. (남/여)

    Вие сте студенти / студентки. → Студенти / Студентки сте.
    너희들은 대학생들이다. (남/여)

> **참고**
>
> съм 동사는 문장의 맨 앞에 위치할 수 없기 때문에 주어가 생략되면 어순이 도치된다.

⟨일반동사의 현재시제⟩

일반동사는 주격 인칭대명사에 따라 일련의 어미 형태를 가진다.

| 주격 인칭대명사 | 일반동사의 현재시제 어미 형태 | |
| --- | --- | --- |
| аз | -а / -я | -ам / -ям |
| ти | -ш | |
| той / тя / то | -е / -и | -а / -я |
| ние | -м | -ме |
| Вие / вие | -те | |
| те | -т | |

| 주격 인칭대명사 \ 일반동사 | 1식 чета (read) | 1식 살다 (live) | 2식 공부하다 (study) | 2식 일하다 (work) | 3식 있다 (have) | 3식 열다 (open) |
| --- | --- | --- | --- | --- | --- | --- |
| аз | чета | живея | уча | работя | имам | отварям |
| ти | четеш | живееш | учиш | работиш | имаш | отваряш |
| той / тя / то | чете | живее | учи | работи | има | отваря |
| ние | четем | живеем | учим | работим | имаме | отваряме |
| Вие / вие | четете | живеете | учите | работите | имате | отваряте |
| те | четат | живеят | учат | работят | имат | отварят |

*일반동사의 1식, 2식, 3식 형태 변화 유형: 16강 **p.168~169** 참고

— 일반동사의 형태를 통해 문장의 주어를 유추할 수 있다.

| Аз чета книга. | → Чета книга. | 나는 책을 읽는다. |
| Ти живееш в Корея. | → Живееш в Южна Корея. | 너는 한국에 산다. |
| Ние работим заедно. | → Работим заедно. | 우리는 함께 일한다. |
| Те имат книга. | → Имат книга. | 그들은 책을 가지고 있다. |

— 문맥 또는 성과 수의 개념 등을 통해 문장의 주어를 유추해야 하는 경우도 있다.

Той / Тя учи български език. → Учи български език.
그는/그녀는 불가리아어를 공부한다.

Вие отваряте вратата. → Отваряте вратата.
당신은/너희들은 문을 연다.

[ 참고 💡 ]

일반동사는 문장의 맨 앞에 위치할 수 있으므로 주어가 생략되어도 어순이 유지된다.

(3) 성과 수

불가리아어에는 '성'과 '수'의 개념이 존재한다. 남성, 여성, 중성으로 구분하며 각각 단수와 복수의 형태를 가진다. 명사가 가지는 성과 수에 따라서 이와 결합하는 형용사, 관사, 일부 의문사 등의 형태가 변화하여 성과 수를 일치시킨다. 성과 수는 해당 단어의 어미 형태로 구분하고, 명사를 제외한 형태 변화는 [남성 단수 – 여성 단수 – 중성 단수 – 복수] 순으로 표기한다.

⟨명사의 성과 수⟩
– 명사의 성

| 명사의 마지막 음절 |||
|---|---|---|
| 남성 명사 | 여성 명사 | 중성 명사 |
| -자음 / -й | -а / -я | -е / -о |
| мъж  чай<br>брат  музей<br>човек  трамвай<br>молив  край<br>лед  герой<br>стол  ...<br>ключ<br>център<br>автобус<br>прозорец<br>... | жена  стая<br>майка  земя<br>сестра  рокля<br>баба  история<br>книга  ...<br>чаша<br>азбука<br>... | име  езеро<br>бебе  бюро<br>дете  легло<br>кафе  огледало<br>море  ...<br>списание<br>... |

– 예외

| 남성 명사 | баща 아버지, дядо 할아버지, януари ~ декември 1월 ~ 12월 ... |
|---|---|
| 여성 명사 | сутрин 아침, вечер 저녁, нощ 밤, пролет 봄, есен 가을, песен 노래, любов 사랑, -ост로 끝나는 추상 명사 (радост 기쁨, вечност 영원 ...) ... |
| 중성 명사 | такси 택시, парти 파티, хоби 취미 ... |

– 명사의 복수형

명사는 남성, 여성, 중성 명사에 따라 각기 다른 형태 변화를 거쳐 복수형을 갖는다.

*명사의 일반 복수형: 6강 **p.68**, 남성 명사의 가산 복수형: 8강 **p.85~86** 참고

〈형용사의 성과 수〉

| 형용사의 마지막 음절 | | | |
|---|---|---|---|
| 남성 형용사 | 여성 형용사 | 중성 형용사 | 복수 형용사 |
| -자음 / -и | -а | -о | -и |

형용사의 형태 변화는 남성 형용사를 기준으로 여성, 중성, 복수 형용사를 만든다.

| 남성 형용사 | → 여성 / 중성 / 복수 |
|---|---|
| -자음 | → [남성 형용사] + а / + о / + и |
| -и | → [-и를 제거한 남성 형용사] + а / + о / + и |
| 기본 유형 | [нов - нова - ново - нови] 새로운<br>[български - българска - българско - български] 불가리아의 |

기본 유형 외에도 다음과 같이 주의해야 할 유형들이 존재한다. 별도 규칙이나 구분법은 없으며 학습과 암기를 통해 익히도록 한다.

\* **남성 형용사 끝에서 두 번째 음절이 ъ 또는 е**
→ 여성, 중성, 복수형에서 해당 글자의 제거 여부

| ъ 유형 | [къс - къса - късо - къси] 짧은<br>[дълъг - дълга - дълго - дълги] 긴 |
|---|---|
| е 유형 | [червен - червена - червено - червени] 빨간<br>[черен - черна - черно - черни] 검은 |

\* **남성 형용사 내 я 또는 е**
→ 각각 복수형 또는 여성, 중성형에서 해당 글자들의 상호 치환 여부

| я - я - я - е 유형 | [голям - голяма - голямо - големи] 큰 |
|---|---|
| е - я - я - е 유형 | [тесен - тясна - тясно - тесни] 좁은 |

〈관사의 성과 수〉

관사는 영어의 the와 유사한 역할을 하며 명사 또는 형용사의 어미와 결합한다.

\*관사: 11강 **p.110~111** 참고

⟨의문사의 성과 수⟩

| 형태 변화가 있는 의문사 | | |
|---|---|---|
| [какъв - каква - какво - какви] | [кой - коя - кое - кои] | [чий - чия - чие - чии] |
| 무슨/무엇 (what) | 누구/어떤 (who/which) | 누구의 (whose) |

| 형태 변화가 없는 의문사 | | | | | |
|---|---|---|---|---|---|
| как | колко | къде | кога | кого | защо |
| 어떻게 (how) | 얼마 (how many/much) | 어디 (where) | 언제 (when) | 누구를 (whom) | 왜 (why) |

*кого = кой 의문사의 목적격 형태

의문사 외에도 의문소사 ли (~인가요?)를 사용하여 의문문을 만들 수 있다.

Как сте? (당신은) 어떻게 지내세요 / (너희들은) 어떻게 지내?
Студент ли сте? 대학생이신가요?

*의문소사 ли를 사용한 의문문의 어순: 5강 **p.58** 참고

### (4) 일반동사의 불완료형과 완료형

다수의 일반동사는 불완료형과 완료형을 가지며 이는 각기 다른 형태로 존재한다.

| 불완료형 | 완료형 |
|---|---|
| 행위가 진행 중이거나 반복될 때 사용 | 행위가 한 번으로 끝날 때 사용 |

일반동사 [불] отивам / [완] отида 가다 (go)
Отивам на кино. 영화 보러 가고 있어요. (진행 중)
Искам да отида на кино. 영화 보러 가고 싶어요. (한 번)

*일반동사의 불완료형과 완료형: 12강 **p.124~126** 참고

### (5) 격식체와 비격식체

불가리아어에는 격식체와 비격식체가 존재한다.

| 구분 | 격식체 (formal expression) | 비격식체 (informal expression) |
|---|---|---|
| 인칭 | Вие | ти |
| съм 동사 | сте | си |
| 일반동사 | -те | -ш |
| 상황별 | 공적인 · 공손한 표현 | 사적인 · 친근한 표현 |

23

# УРОК 01

인사말 안녕하세요!

# Здравейте!

## Диалог

🎧 1-1

А: Здравейте!
즈드라베이떼!

Б: Здравейте! Как сте?
즈드라베이떼! 깍 스떼?

А: Добре съм. А Вие?
도브레 썸. 아 비에?

Б: И аз съм добре. Довиждане.
이 아-썸 도브레. 도비쥐다네.

А: Довиждане. Приятен ден!
도비쥐다네. 쁘리야뗀 덴!

А: 안녕하세요!
Б: 안녕하세요! 잘 지내세요?
А: 잘 지내요. 당신은요?
Б: 저도 잘 지내요. 그럼 안녕히 계세요.
А: 안녕히 가세요. 좋은 하루 보내세요!

*격식체 회화

### Думи

**Здравейте.** 안녕하세요.(격식)

**как** 어떻게

**Вие** 당신 → **сте**(격식)

**добре** 잘, 좋게, 좋아요 (well, good)

**аз** 나 → **съм**

**а** 그런데, 하지만

**и** 그리고

**Довиждане.** 안녕, 안녕히 계(가)세요.

**[приятен – приятна – приятно – приятни]** 좋은 (nice)

**ден** 하루, 날, 일

## Изрази

🎧 1-2

### ① 만났을 때 인사말

(1) 일반적인 인사

| | |
|---|---|
| Здравейте! | 격식 안녕하세요! (Hello!) |
| Здравей! | 비격식 안녕! (Hello!) |
| Здрасти! | 비격식 안녕! (Hi!) |

- **Здравейте!**: Вие (당신) / вие (너희들)에 대응하는 인사말
  첫 만남과 같이 격식을 갖춰 말하는 경우에 사용할 수 있는 표현이다.
  또는 여러 명에게 인사할 때 사용할 수 있는 표현이다.

- **Здравей!**: ти (너)에 대응하는 인사말
  격식을 갖추지 않아도 되는 경우에 사용할 수 있는 표현이다.

- **Здрасти!**: 인칭 및 상대방의 인원수에 상관없이 매우 가벼운 인사말
  상대방과 아주 가깝고 친한 사이에서 사용할 수 있는 표현이다.

> 참고 💡
>
> 한국의 인사말 '안녕하세요'가 '편안할 안(安)', '편안할 녕(寧)'을 사용하여 '아무 탈 없이 편안하시죠?'라는 의미를 담고 있는 것처럼, 불가리아의 인사말도 '**здраве**(건강)'이라는 단어를 사용하여 '건강하세요'라는 의미를 담고 있다.

## УРОК 01

### (2) 아침 / 낮 / 저녁 인사

| Добро утро! | 안녕하세요! (Good morning!) |
|---|---|
| Добър ден! | 안녕하세요! (Good afternoon! / Good day!) |
| Добър вечер! | 안녕하세요! (Good evening!) |

> **참고**
>
> 'Добро утро! / Добър ден! / Добър вечер!'는 'Здравейте! / Здравей! / Здрасти!'보다 상대적으로 조금 더 정중한 뉘앙스를 풍기기 때문에 이들을 모두 대체할 수 있는 표현이면서도 공식적인 자리 또는 발표 등에 사용되는 경향이 있다.

| 관련 단어 |

| сутрин | 아침(에)<br>[(in the) morning] | | |
|---|---|---|---|
| ден | 낮, 하루, 일, 날<br>(day) | предиобед | 오전(에)<br>(before noon) |
| | | на обяд / обед | 점심 / 정오에<br>(at lunch / noon) |
| | | следобед | 오후(에)<br>[(in the) afternoon] |
| вечер | 저녁(에)<br>[(in the) evening] | | |
| нощ | 밤<br>(night) | | |

---

**[добър – добра – добро – добри]**
좋은(good)

**добре**
잘, 좋게, 좋아요
(well, okay, good)

● Добър + вечер
= 남성 형용사 + 예외 여성 명사
→ 예외 관습 표현

**утро** 아침
**сутрин** 아침(에)
┌ **сутрин** 아침
├ **вечер** 저녁
└ **нощ** 밤
→ 예외 여성 명사

## (3) 안부 인사

| Как сте? | 격식 어떻게 / 잘 지내세요? (How are you?) |
|---|---|
| Как си? | 비격식 어떻게 / 잘 지내? (How are you?) |

| А Вие? | 격식 당신은 어때요? (And you? / How about you?) |
|---|---|
| А ти? | 비격식 너는 어때? (And you? / How about you?) |

응용 А Вие / ти + (동일한 질문)?　　그럼 당신은/너는 ~하나요?

**참고**

평소 상대방과 친한 사이가 아니라면 단순히 안부를 묻는 인사치레의 표현에는 무난한 긍정의 답변을 권장한다.

| Много добре. | Добре. | Горе-долу. | Не добре. |
|---|---|---|---|
| 아주 잘 지내요. | 잘 지내요. | 그저 그래요. | 잘 지내지 못해요. |

**주의**

문장의 어순에 유의하도록 한다.

Добре.　　　→ Аз съм добре.　　= Добре съм.
　　　　　　　　좋아요.

Много добре.　→ Аз съм много добре.　= Много съм добре.
　　　　　　　　아주 좋아요.

Не добре.　　→ Аз не съм добре.　　= Не съм добре.
　　　　　　　　좋지 않아요. / 별로예요.

*не의 위치와 사용법: 2강 **p.35** 참고

---

**много** 매우, 아주, 많이
(many/much, very, lot of)

**горе** 위에(up, upstairs)

**долу** 아래에(down, downstairs)

**не** 아니오, 아니다, 않다(no, not)

○добре는 형용사가 아닌 부사이기 때문에 인칭의 성별과는 상관없이 사용할 수 있다.

УРОК 01

## ❷ 헤어질 때 인사말

| Довиждане! | 안녕히 계(가)세요! / 안녕! (Good-bye!) |

**до** ~까지(to, until)

🔲 **виждам** / 🔲 **видя**
보다(see)

**виждане**
보는 것(seeing)

참고 💡

Довиждане = до + виждане '다시 볼 때까지 (안녕)'이라는 의미를 담고 있다.

| Чао! | 비격식 잘 가! (Bye!) |

응용 **Чао-чао!** | 잘 가! (Bye-bye!)

✱이탈리아어 'ciao'에서 차용

| Приятен ден! | 좋은 하루 보내세요! (Have a nice day!) |

응용 **Приятна вечер!** | 좋은 저녁 보내세요!

| До скоро! | 곧 봐요! (See you soon!) |

응용 **До утре!** | 내일 봐요!

[приятен – приятна –
приятно – приятни]
좋은, 즐거운, 쾌적한

✱Приятна + вечер
= 여성 형용사 + 예외 여성 명사

**скоро** 곧(soon)

**утре** 내일(tomorrow)

| Пазете се! | 격식 잘 지내세요! (Take care!) |
| Пази се! | 비격식 잘 지내! (Take care!) |

| Всичко хубаво! | 모두 잘 될 거예요! (All the best!) |

| Лека нощ! | 편안한 밤 보내세요! / 잘 자! (Good night!) |

**всичко** 전부, 모든 것

[хубав – хубава –
хубаво – хубави]
좋은, 멋진

**хубаво** 잘, 좋게, 좋아요

[лек – лека –
леко – леки]
가벼운, 편안한(light)

✱Лека + нощ
= 여성 형용사 + 예외 여성 명사

## Граматика

### ● 호격

불가리아어에는 호격의 형태가 존재한다. 한국어에서 사람을 부를 때 '~아(야) / ~씨 / ~님' 등을 붙이는 것처럼 불가리아어에서는 주로 '-o / -e'를 사용한다.

**(1) 남성의 이름 및 호칭**

Иван → Иване!   이반 → 이반아!     Син → Сине!   아들 → 아들아!
Явор → Яворе!   야보르 → 야보르야!   Петър → Петре!   뻬떠르 → 뻬떠르야!

❖ 주로 남성의 이름이 자음으로 끝날 때 호격형이 존재한다.

**(2) 여성의 호칭**

Майка → Майко!   어머니 → 어머니!   Мама → Мамо!   엄마 → 엄마!

*가족과 친구: 14강 p. 140 참고

**(3) 존칭**

| ~씨, ~님 | 기본형 | 호격형 |
|---|---|---|
| Mr., sir | господин + 성 | господин + 성 | господине |
| Mrs. madam, lady | госпожа + 성 | госпожо (+ 성) |
| Miss, (young) lady | госпожица + 성 | госпожице (+ 성) |

❖ 축약형
господин = г-н
госпожа(о) = г-жа(о)
госпожица(е) = г-ца(е)

Той е господин Марков.   그는 마르코프 씨입니다.
→ Добро утро, господин Марков!   안녕하세요, 마르코프 씨!
→ Здравейте, господине!   안녕하세요, 아저씨!

Тя е госпожа Иванова.   그녀는 이바노바 씨입니다.
→ Добър ден, госпожо Иванова!   안녕하세요, 이바노바 씨!
→ Как сте, госпожо?   잘 지내시죠, 아주머니?

Тя е госпожица Петрова.   그녀는 뻬뜨로바 씨입니다.
→ Добър вечер, госпожице Петрова!   안녕하세요, 뻬뜨로바 씨!
→ Довиждане, госпожице!   안녕히 가세요, 아가씨!

УРОК 01

## Упражнения

**1** 다음을 작문하시오.

1. 안녕하세요! / 안녕! (Hello!)

    → З_____ (격식)

    → З_____ (비격식)

2. 안녕히 계(가)세요. / 안녕. (Good-bye.)

    → Д_____

**2** 다음 <보기>에서 빈칸에 들어갈 알맞은 단어를 골라 문장을 완성하시오.
(단어 중복사용 가능)

| 보기 |
| --- |
| добър   добра   добро   добре   добри |

1. _____ утро!
2. _____ ден!
3. _____ вечер!
4. Аз съм _____.
5. _____ съм.
6. Много _____.

Здравейте!

**3** 다음 단어의 성을 바르게 연결하시오.

1 вечер

2 обяд

3 обед   (a) 남성 명사

4 сутрин   (b) 여성 명사

5 нощ   (c) 중성 명사

6 утро

**4** 다음 빈칸에 알맞은 단어를 기입하고 대화를 격식체로 바꿔 작문하시오.

A: Здравей! Как си?
안녕! 잘 지내니?

Б: Добре _____. _____ ти как си?
난 잘 지내. 너는 잘 지내?

A: Много _____ добре.
난 아주 잘 지내.

⇩

A: _____
안녕하세요! 잘 지내세요?

Б: _____
전 잘 지내요. 당신은 잘 지내시나요?

A: _____
전 아주 잘 지냅니다.

31

УРОК 01

**5** 다음 <보기>에서 빈칸에 들어갈 알맞은 단어를 골라 문장을 완성하시오.

| 보기 |
| --- |
| а    и    аз    ти    те    то    той    тя    ние    вие    Вие |
| господин    господине    госпожа |
| госпожо    госпожица    госпожице |

1  Как е _____? 그는 잘 지내?

2  Как е _____? 그녀는 잘 지내?

3  Как са _____? 그들은 잘 지내?

4  Как сте _____? 너희들은 잘 지내?

5  Как е _____?
   니콜로바 아가씨는 잘 지내나요?

6  Как са _____?
   이바노프 아저씨와 이바노바 아주머니는 잘 지내세요?

*Николова 니콜로바
Иванов 이바노프
Иванова 이바노바

**6** 다음 인사말의 의미를 바르게 연결하시오.

1  Приятен ден!          (a) 안녕! (Hi!)

2  Всичко хубаво!        (b) 잘 가! (Bye!)

3  Лека нощ!             (c) 모두 잘 될 거예요, 안녕! (All the best!)

4  Чао!                  (d) 곧 봐요! (See you soon!)

5  Здрасти!              (e) 내일 봐요! (See you tomorrow!)

6  До утре!              (f) 좋은 하루 보내세요! (Have a nice day!)

7  До скоро!             (g) 편안한 밤 보내세요! / 잘 자! (Good night!)

8  Пази се!              (h) 잘 지내! (Take care!)

# УРОК 02

감사와 사과 — 감사합니다.

# Благодаря.

## Думи

**Извинете.** 실례합니다, 미안합니다.(격식)

**ли** ~인가요?

**не** 아니오, 아니다, 않다

**о** 오(감탄사)

**Съжалявам.** 죄송합니다.

⟨불⟩ **съжалявам** / ⟨완⟩ **съжаля** 미안해하다

**няма** ~가 없다

**нищо** 아무것도 없음

**Няма нищо.** 괜찮습니다.

**Благодаря.** 감사합니다.

**благодаря** 감사하다, 고마워하다

**моля** 부탁하다, 제발

## Диалог 🎧 2-1

А: Извинете, Вие ли сте Петър?
이즈비네떼. 비에 리 스떼 뻬떠르?

Б: Не, аз не съм Петър. Аз съм Иван.
네, 아쓰 네 썸 뻬떠르. 아 썸 이반.

А: О, съжалявам!
오, 써좔랴밤!

Б: Няма нищо. Той е Петър.
냐마 니슈또. 또이 에 뻬떠르.

А: Благодаря.
블라고다랴.

Б: Моля.
몰랴.

А: 실례합니다, 당신이 뻬떠르인가요?
Б: 아니요, 저는 뻬떠르가 아니에요. 저는 이반입니다.
А: 오, 죄송해요!
Б: 괜찮습니다. 그가 뻬떠르예요.
А: 감사합니다.
Б: 뭘요.

*격식체 회화

УРОК **02**

# Изрази 🎧 2-2

### ❶ 긍정과 부정

#### (1) 예 / 아니오

| Да. | 예. (Yes.) |
|---|---|
| Не. | 아니오. (No.) |

> 참고 💡
>
> 불가리아인들은 да와 같이 긍정의 의미를 나타낼 때는 고개를 좌우로 흔드는 반면, не와 같이 부정의 의미를 나타낼 때는 고개를 위아래로 끄덕이는 관습이 있다.

#### (2) 동의 / 찬성 / 반대

| Добре. | 좋아요. (Good. / Okay.) |
|---|---|
| Не добре. | 별로예요. (Not good.) |

| Така е. | 그렇습니다. (That's right. / It is.) |
|---|---|
| Не е така. | 그렇지 않습니다. (It isn't.) |

응용 Точно така!   바로 그거예요! (Exactly!)

| Вярно е. | 맞아요. / 사실이에요. (It's true.) |
|---|---|
| Не е вярно. | 사실이 아니에요. (It's not true.) |
| Невярно е. | 거짓이에요. (It's false.) |

---

**Съгласен / Съгласна съм.**
동의해요. (남/여)

**[съгласен - съгласна - съгласно - съгласни]**
동의하는

**не**
아니오, 아니다, 않다 (no, not)

**така** 그게

**точно** 정확히

**вярно** 맞게, 진실되게
**[верен - вярна - вярно - верни]**
맞는, 사실의, 진실의

**невярно** 틀리게, 거짓되게
**[неверен - невярна - невярно - неверни]**
틀린, 거짓의

Благодаря.

| 관련 표현 |

**също** 또한(also, too)

| Аз също. | 저도요. (Me, too.) |

응용 Аз също ~.　　저도 ~ 해요. (I also ~.)
　　= И аз ~.

| Разбира се. | 물론이죠. (Of course.) |

🔵 **разбирам /**
🟢 **разбера** 이해하다

응용 Разбирам.　　이해해요.
응용 Не разбирам.　　이해가 안 돼요.

# Граматика

● не의 위치와 사용법

| не 〉 재귀대명사, 동사 … |

не는 영어의 no 또는 not에 해당하는 부정어이다. 단독으로 쓰이거나 다른 단어와 결합하여 사용되며 '아니오, 아니다, 않다' 등으로 해석할 수 있다. не는 주어를 제외한 다른 문장 성분보다 항상 선행한다.

| 문장의 맨 앞에 위치할 수 없는 것 ||
|---|---|
| съм 동사 | 재귀대명사 се / си |
| Аз съм добре.<br>→ Добре съм. 저는 좋아요.<br>Аз не съм добре.<br>→ Не съм добре. 저는 별로예요. | Аз се казвам Лия.<br>→ Казвам се Лия. 제 이름은 리야라고 합니다.<br>Аз не се казвам Лия.<br>→ Не се казвам Лия. 제 이름은 리야가 아닙니다. |

\*목적격/수여격 재귀대명사 се / си: 15강 **p.152, p.157~158** 참고

| 참고 💡 |

일반동사는 문장의 주어를 생략해도 어순의 변화가 일어나지 않는다.

## УРОК 02

# Изрази

### ❷ 감사와 사과

**(1) 감사의 표현**

| Благодаря. | 감사합니다. (Thanks. / Thank you.) |
|---|---|

**благодаря**
감사하다, 고마워하다

- 응용 Не, благодаря. — 아니요, 괜찮습니다.
- 응용 Много благодаря. — 정말 감사해요.
  = Благодаря много.

| Мерси. | 비격식 고마워요. (Thanks.) |
|---|---|

✪ 프랑스어 'merci'에서 차용

- 응용 Не, мерси. — 아니, 괜찮아요.
- 응용 Мерси много. — 정말 고마워요.

**(2) 사과의 표현**

| Извинете. | 격식 실례합니다. / 미안합니다. (Excuse me. / Sorry.) |
|---|---|
| Извинявай. | 비격식 실례할게. / 미안해. (Excuse me. / Sorry.) |

🇧🇬 **извинявам се /**
🇲🇰 **се извиня**
사과하다(apologize)

| Моля. | 격식 실례합니다. (Excuse me.) |
|---|---|

**моля**
제발(please),
부탁하다(ask, beg)

моля는 영어의 please, ask, beg 등에 해당하며 매우 다양하게 해석할 수 있다.
*моля의 사용법: 2강 p.37 참고

| Съжалявам. | 죄송합니다. (I'm sorry.) |
|---|---|

🇧🇬 **съжалявам /**
🇲🇰 **съжаля**
미안해하다(sorry)

Благодаря.

**има** ~가 있다
**няма** ~가 없다
**защо** 왜, 이유
**нещо** 무언가, 어떤 것
**нищо** 아무것도 없음
⊕ няма (~가 없다) + нищо
 (아무것도 없음) → 이중부정
*има와 няма의 사용법: 6강 p.67 참고
**проблем** 문제

**вода** 물
**за** ~를 위해서
**помощ** 도움
**ако** 만약에
**обичам** 사랑하다

### ③ 감사와 사과에 대한 답변

| | |
|---|---|
| Няма защо. | 별말씀을요. / 천만에요. / 괜찮아요. (You're welcome. / Don't mention it.) → (주로 감사에 대한 답변) |
| Няма нищо. | 신경 쓰지 마세요. / 괜찮아요. (Never mind. / All right.) → (주로 사과에 대한 답변) |
| Няма проблем. | 비격식 별거 아니에요. / 괜찮아요. (No problem.) |
| Моля. | 격식 뭘요. / 괜찮습니다. (Please.) |

참고 💡

| моля 사용법 |

моля는 영어의 please, ask, beg에 해당하는 표현으로 여러 가지 의미로 해석할 수 있다. 단독으로 사용하거나 기존의 다른 표현에 앞뒤로 덧붙여 사용하는 등 그 쓰임새가 다양하다.

① 공손하게 대답하거나 부탁할 때

Да, моля.  네, 그렇게 해주세요.
Вода, моля.  물 좀 주세요.
Моля за помощ.  제발 도와주세요.

이 경우 моля와 유사한 표현으로 다음과 같은 표현이 있다.
ако обичате / ако обичаш  괜찮으시다면 (격식) / 괜찮다면 (비격식)

*ако обичате / ако обичаш 표현: 16강 p.165 참고

② 양해를 구할 때

Моля?  네? / 뭐라고 하셨어요?
Моля!  실례해요! / 잠시만요! / 저기요!
Извинете, моля.  실례합니다. / 미안합니다.

③ 감사와 사과에 대한 대답을 할 때

Моля.  뭘요.
Моля, няма защо.  괜찮아요.

④ 전화를 받을 때

Ало?  여보세요?

이 경우 Моля를 대신 사용하기도 한다.

УРОК 02

## Упражнения

**1** 다음을 작문하시오.

1 예.  →  _____

2 아니오.  →  _____

3 감사합니다.  → Б_____

4 실례합니다. / 실례할게.  → И_____ (격식)

→ И_____ (비격식)

5 죄송합니다.  → С_____


**2** 감사 또는 사과의 표현에 대한 답변으로 사용할 수 있는 것을 모두 고르시오.

① Много  ② Може би  ③ Мамо

④ Моля  ⑤ Няма нощ  ⑥ Няма защо

⑦ Има нещо  ⑧ Няма нищо  ⑨ Има проблем

⑩ Имам проблем  ⑪ Няма проблем  ⑫ Нямам проблем


**3** 다음 빈칸에 형용사와 부사의 알맞은 형태를 기입하고 이를 토대로 문장을 완성하시오.

| 형용사 | | | | 부사 |
|---|---|---|---|---|
| добър - _____ - _____ - _____ | | | | |

1 _____ идея.  좋은 아이디어네요. (Good idea.)

Благодаря.

**❹ 다음 문장에서 не가 들어가야 하는 곳을 고르시오.**

1  А: Студент ли сте?　　　　　대학생이세요?

　　Б: Не, ① аз ② съм ③ студент ④ .　　아니요, 저는 대학생이 아닙니다.

2  А: Разбирате ли?　　　　　이해가 되시나요?

　　Б: Не, ① аз ② разбирам ③ .　　아니요, 저는 이해가 안 돼요.

**❺ 다음 문장을 부정문으로 바꾸시오.**

1  Аз съм добре. = Добре съм.

　　→ Аз _____ = _____

2  Така е.

　　→ _____

3  Вярно е.

　　→ _____

**❻ 다음 <보기>에서 빈칸에 들어갈 알맞은 단어를 골라 문장을 완성하시오.
(단어 중복사용 가능)**

| 보기 |
| --- |
| е　не　съм　си　се　са　с　със　сме　сте　така |
| много　моля　може　няма　има　нощ　също　защо |

1  Разбира _____ .　　　　당연하지.

2  Аз _____ .　　　　　　나도.

3  _____ благодаря.　　　정말 감사합니다.

4  Едно кафе, _____ .　　커피 한 잔 좀 주세요.

5  Едно кафе, _____ ?　　커피 한 잔 드시겠어요?

6  Точно _____ .　　　　바로 그거야.

**[един - една - едно]**
하나의, 한 개의 (one)

**едно** 숫자 1

**кафе** 커피

# УРОК 03

첫 만남과 이름 소개   만나서 반갑습니다.

# Приятно ми е.

## Диалог  🎧 3-1

A: Здравейте!
즈드라베이떼!

Б: Здравейте, аз се казвам Лия. Как се казвате?
즈드라베이떼, 아-쎄 까즈밤 리야. 깍 쎄 까즈바떼?

A: Казвам се Петър. Приятно ми е.
까즈밤 쎄 뻬떠르. 쁘리야뜨노 미 에.

Б: Приятно ми е.
쁘리야뜨노 미 에.

A: 안녕하세요!
Б: 안녕하세요, 제 이름은 리야입니다. 이름이 어떻게 되세요?
A: 저는 뻬떠르라고 합니다. 만나서 반갑습니다.
Б: 반갑습니다.

*격식체 회화

### Думи

[불] **казвам /**
[완] **кажа**  말하다

**казвам се**
(이름이) ~라고 불리다
→ 제 이름은 ~입니다

**приятно**
좋게, 즐겁게, 쾌적하게

**ми**  나에게

*수여격 인칭대명사: 15강
p.156~158 참고

**Приятно ми е (да се запознаем).**
(만나서) 반갑습니다.

[불] **запознавам /**
[완] **запозная**
~와 알게 되다

Приятно ми е.

## Изрази 🎧 3-2

### ❶ 이름 소개

[질문]

| Как се казвате? | [격식] 이름이 어떻게 되세요?<br>(What's your name?) |

[답변]

| Аз се казвам _____.<br>= Казвам се _____. | 저는 ~라고 합니다. / 제 이름은 ~입니다.<br>(My name is ~.) |

[참고]

불가리아에서는 'имен ден(이름의 날 / 영명 축일)'을 기념하여 매년 특정 날짜에 정해져 있는 성인(聖人)의 이름과 동일한 이름을 가진 사람들을 축하하기도 한다.

〈동사 활용 (불완료형 / 완료형)〉

| 주격<br>인칭대명사 \ 동사 | 3식 / 1식<br>말하다<br>(say, tell) | 3식<br>(이름이) ~라고 불리다<br>(be called) |
|---|---|---|
| аз | казвам / кажа | казвам се |
| ти | казваш / кажеш | казваш се |
| той / тя / то | казва / каже | казва се |
| ние | казваме / кажем | казваме се |
| Вие / вие | казвате / кажете | казвате се |
| те | казват / кажат | казват се |

*목적격 재귀대명사 се의 용법: 15강 **p.152** 참고

[단] име – [복] имена
이름(name – names)

## УРОК 03

> 참고 💡

| 말하다 | say, tell | казвам / кажа |
|---|---|---|
| | speak, talk | говоря |
| 보다 | see | виждам / видя |
| | watch, look | гледам |
| 듣다 | hear | чувам / чуя |
| | listen | слушам |

### 2 첫 만남

| Приятно ми е. | 만나서 반갑습니다. (Nice to meet you.) |
|---|---|

**응용** Приятно ми е да се запознаем.
만나서 반갑습니다.

**응용** Радвам се да се запознаем.
만나게 되어 기쁩니다.

> 참고 💡

**답변 예시**

Приятно ми е. / И на мен ми е приятно.
저도 만나서 반갑습니다.

Радвам се да се запознаем. / И аз се радвам да се запознаем.
저도 만나게 되어 기쁩니다.

◐ **ми** 나에게
→ 수여격 인칭대명사

*수여격 인칭대명사:
15강 p.156~158 참고

◐ 부사 + **ми** + **е**.
나에게 ~하게 느껴지다.
→ 나는 ~하다.

**да** ~하는 것, ~해서, ~할

**на мен = ми** 나에게

**радвам** ~를 기쁘게 하다
→ **радвам се**
나는 기쁘다*

**запознавам /
запозная** ~와 알게 되다
→ **се запознаем**
우리가 서로 알게 되다*

*да 구문: 12강 **p.125** 참고
*목적격 재귀대명사 се의 용법:
 15강 **p.158** 참고

## Граматика

● 중성 형용사와 부사

성질 및 상태를 나타내는 형용사의 중성형은 부사로 사용할 수 있다.

| 형용사의 중성형 | | 부사 |
|---|---|---|
| [приятен – приятна – приятно – приятни] | ⇨ | приятно |
| [хубав – хубава – хубаво – хубави] | | хубаво |

| 예외 |

| | | |
|---|---|---|
| [добър – добра – добро – добри] | ⇨ | добре |

| 참고 |

| добър / приятен / хубав 비교 |

다음의 형용사들은 불가리아어에서 '좋은'이라는 긍정적인 의미로 사용한다. 기본적으로 의미는 매우 유사하지만 добър와 приятен에 비해 상대적으로 хубав가 내면보다 외면을 표현할 때 사용하는 경향이 있다.

① **добър**

| 형 [добър - добра - добро - добри] | 부 добре |
|---|---|
| 좋은, 괜찮은, 착한<br>(good, fine) | 잘, 좋게, 좋아요<br>(well, okay) |

Добър ден!  안녕하세요, 좋은 오후네요!
Добре ми е.  저는 좋아요. (괜찮아요.)
Той е добър. / Тя е добра.  그는 착하다. / 그녀는 착하다.

УРОК 03

② **приятен**

| 형 [приятен - приятна - приятно - приятни] | 부 приятно |
|---|---|
| 좋은, 쾌적한, 기분 좋은, 기쁜, 즐거운<br>(nice, pleasant) | 잘, 쾌적하게, 기분 좋게, 기쁘게<br>(nice, nicely, pleasantly) |

Приятен ден!      좋은 하루 보내세요!
Днес времето е приятно.      오늘 날씨가 쾌적하다.
Приятно ми е.      만나서 반갑습니다.

③ **хубав**

| 형 [хубав - хубава - хубаво - хубави] | 부 хубаво |
|---|---|
| 좋은, 멋진, 잘생긴, 예쁜<br>(nice, good-looking, handsome, pretty) | 잘, 멋지게, 좋게, 좋아요<br>(nice, nicely) |

Всичко хубаво!      다 잘 될 거예요!
Днес времето е хубаво.      오늘 날씨가 좋다.
Той е хубав. / Тя е хубава.      그는 잘생겼다. / 그녀는 예쁘다.

**днес** 오늘(today)
**време** 날씨, 시간, 시제
◦време + то
  = 중성 명사 + 관사
*관사: 11강 **p.110~111** 참고

Приятно ми е.

## Упражнения

**1** 다음 빈칸에 주격 인칭대명사와 **съм** 동사의 알맞은 형태를 기입하시오.

1 _____ Иван.              나는 이반이다.
2 _____ Радина.            너는 라디나이다.
3 _____ Георги.            그는 게오르기이다.
4 _____ Габи.              그녀는 가비이다.
5 _____ Антон и Явор.      우리는 안톤과 야보르이다.
6 _____ Елена.             당신은 엘레나이다.
7 _____ Ана и Надя.        너희들은 아나와 나댜이다.
8 _____ Петър и Лия.       그들은 뻬떠르와 리야이다.

**2** 다음 빈칸에 일반동사의 알맞은 어미 형태를 기입하시오.

1 Казва\_\_\_\_\_ се Иван.              저는 이반이라고 합니다.
2 Казва\_\_\_\_\_ се Радина.            너의 이름은 라디나이다.
3 Казва\_\_\_\_\_ се Георги.            그의 이름은 게오르기이다.
4 Казва\_\_\_\_\_ се Габи.              그녀의 이름은 가비이다.
5 Казва\_\_\_\_\_ се Антон и Явор.      우리는 안톤과 야보르라고 합니다.
6 Казва\_\_\_\_\_ се Елена.             당신의 이름은 엘레나이다.
7 Казва\_\_\_\_\_ се Ана и Надя.        너희들의 이름은 아나와 나댜이다.
8 Казва\_\_\_\_\_ се Петър и Лия.       그들의 이름은 뻬떠르와 리야이다.

УРОК 03

**3** 다음 중 '이름'이라는 뜻을 가진 단어를 고르시오.

① има    ② име    ③ или    ④ ами    ⑤ ако

**4** 다음을 작문하시오.

1  성함이 어떻게 되세요? (What should I call you?)

→ _____ (격식)

2  이름이 뭐니? (What's your name?)

→ _____ (비격식)

**5** 다음 빈칸에 형용사와 부사의 알맞은 형태를 기입하고 이를 토대로 문장을 완성하시오.

| 형용사 | 부사 |
|---|---|
| приятен - _____ - _____ - _____ | |

1  _____ ми е.    만나서 반갑습니다.

2  _____ ден!    좋은 하루 보내세요!

3  _____ вечер!    좋은 저녁 보내세요!

**6** 다음 문장에서 се가 들어가야 하는 곳을 모두 고르시오.

1  ① как ② казва ③ той ④ ?    그의 이름이 뭐야?

2  ① как ② казват ③ те ④ ?    그들의 이름이 어떻게 되니?

3  ① приятно ② ми ③ е ④ да ⑤ запознаем ⑥ .    만나서 반갑습니다.

4  ① радвам ② да ③ запознаем ④ .    서로 알게 되어서 기쁩니다.

# УРОК 04

출신 국가와 국적   어디에서 오셨나요?

# Откъде сте?

## Думи

**от** ~에서, ~에서부터

**къде** 어디

**откъде** 어디에서

**Южна Корея** 한국

[남] **кореец** /
[여] **корейка** 한국인

**[какъв – каква – какво – какви]**
무슨/무엇(what, what kind)

**по**
~에 관한, ~를 따라(by, of 등)

**националност =
народност** 국적

**България** 불가리아

[남] **българин** /
[여] **българка**
불가리아인

### Диалог    🎧 4-1

A: Откъде сте?
오뜨꺼데 스떼?

Б: Аз съм от Южна Корея.
아썸 오뜨 유즈나 꼬레야.

A: Кореец ли сте?
꼬레에쯔 리 스떼?

Б: Да, кореец съм. Каква сте по националност?
다, 꼬레에쯔 썸. 깍그바 스떼 뽀 나찌오날노스트?

A: Аз съм българка от България.
아썸 벌가린 오뜨 벌가리야.

A: 어디에서 오셨나요?
Б: 저는 한국에서 왔어요.
A: 한국인이세요?
Б: 네, 한국인이에요. 당신은 어느 나라 사람인가요?
A: 저는 불가리아에서 온 불가리아인이에요.

*격식체 회화

47

УРОК 04

# Изрази

🎧 4-2

### ① 출신 국가

| 질문 |
| --- |
| Откъде сте? |

격식 어디에서 오셨나요?

| 답변 |
| --- |
| Аз съм от _____ . <br> = От _____ съм. |

저는 ~에서 왔습니다. (I'm from ~.)

| 관련 단어 |

⟨국가⟩ 단 **страна** – 복 **страни** / 단 **държава** – 복 **държави** (country – countries)

| 불가리아 (Bulgaria) | 불가리아 공화국 (Republic of Bulgaria) |
| --- | --- |
| България | Република България |

| 한국 (Korea / South Korea) | 대한민국 (Republic of Korea) |
| --- | --- |
| Корея / Южна Корея | Република Корея |

⟨방위⟩ 단 **посока** – 복 **посоки** (direction – directions)

| 동, 동쪽 | 동쪽의 |
| --- | --- |
| 명 изток | 형 [източен - източна - източно - източни] |

| 서, 서쪽 | 서쪽의 |
| --- | --- |
| 명 запад | 형 [западен - западна - западно - западни] |

| 남, 남쪽 | 남쪽의 |
| --- | --- |
| 명 юг | 형 [южен - южна - южно - южни] |

| 북, 북쪽 | 북쪽의 |
| --- | --- |
| 명 север | 형 [северен - северна - северно - северни] |

참고 💡

'한국'이라는 단어를 사용할 때 'Корея'보다 더 구체적인 'Южна Корея'를 권장한다. 한편 한국의 수도 '서울'은 'Сеул'로, 불가리아의 수도 '소피아'는 'София'로 표기한다.

**столица** 수도
**град** 도시

Откъде сте?

**националност**
**= народност**
국적 → 예외 여성 명사

## 2 국적

[질문]

| 남 | Какъв сте по националност? | [격식] 당신은 어느 나라 사람인가요? |
| 여 | Каква сте по националност? | (What nationality are you?) |

[답변]

Аз съм _____ .
= _____ съм.

저는 ~입니다.

○ 국적 표기 시, 문장의 첫 글자를 제외하고 모두 소문자로 표기한다.

| 관련 단어 |

〈국적〉 **националност / народност** (nationality)

| 명사 \ 성 | 남성 | 여성 | 복수 |
|---|---|---|---|
| 불가리아인 | българин | българка | българи |
| 한국인 | кореец | корейка | корейци |

〈출신 및 국적〉

| гражданин на + 국가/도시/지역 | ~의 국민/시민/주민 |

[단] **гражданин**
[복] **граждани**
시민 (citizen)

[참고]

| 형용사 \ 성·수 | 남성 | 여성 | 중성 | 복수 |
|---|---|---|---|---|
| 불가리아의 | български | българска | българско | български |
| 한국의 | корейски | корейска | корейско | корейски |

| 유럽 | Европа | 남아메리카 | Южна Америка |
| 아시아 | Азия | 북아메리카 | Северна Америка |
| 아프리카 | Африка | 오세아니아 | Океания |

**Среден Изток** 중동

| 태평양 | 대서양 | 인도양 | 남극해 | 북극해 |
|---|---|---|---|---|
| Тихи океан | Атлантически океан | Индийски океан | Южен ледовит океан | Северн ледовит океан |

**океан** 대양
**море** 바다
**Черно море** 흑해
**Средиземно море** 지중해

УРОК 04

| 관련 단어 |

〈대한민국 외 G20 구성국과 국적 명칭〉

| 미국<br>(USA / America) | 영국<br>(United Kingdom) | 프랑스<br>(France) |
|---|---|---|
| САЩ / Америка | Обединеното кралство | Франция |
| 독일<br>(Germany) | 이탈리아<br>(Italy) | 캐나다<br>(Canada) |
| Германия | Италия | Канада |
| 일본<br>(Japan) | 아르헨티나<br>(Argentina) | 오스트레일리아 (호주)<br>(Australia) |
| Япония | Аржентина | Австралия |
| 브라질<br>(Brazil) | 중국<br>(China) | 인도<br>(India) |
| Бразилия | Китай | Индия |
| 인도네시아<br>(Indonesia) | 멕시코<br>(Mexico) | 러시아<br>(Russia) |
| Индонезия | Мексико | Русия |
| 사우디 아라비아<br>(Saudi Arabia) | 남아프리카 공화국<br>(South Africa) | 튀르키예(터키)<br>(Türkiye) |
| Саудитска Арабия | Южна Африка | Турция |
| 유럽 연합<br>(European Union, EU) | | |
| Европейски съюз (ЕС) | | |

**САЩ =
Съединени(те)
американски щати**
미합중국

○ Съединени + те =
복수 형용사 + 관사

○ Обединено + то =
중성 형용사 + 관사

*관사: 11강 p.110~111 참고

**Великобритания**
그레이트브리튼 섬
(Great Britain)

┌ **Англия**
│  잉글랜드 (England)
├ **Уелс**
│  웨일스 (Wales)
└ **Шотландия**
   스코틀랜드 (Scotland)

**Северна Ирландия**
북아일랜드 (Northern Ireland)

**Република Ирландия**
아일랜드 공화국
(Republic of Ireland)

〈불가리아 인접국〉

| 루마니아<br>(Romania) | 세르비아<br>(Serbia) | 그리스<br>(Greece) | 튀르키예(터키)<br>(Türkiye) |
|---|---|---|---|
| Румъния | Сърбия | Гърция | Турция |
| 북마케도니아<br>(North Macedonia) | | | |
| Северна Македония | | | |

## Упражнения

**1** 다음 중 **националност**와 동일한 뜻을 가진 단어를 고르시오.

① нощ  ② напред  ③ народ  ④ народност

⑤ радост  ⑥ нещо  ⑦ нищо  ⑧ младост

**2** 다음 빈칸에 들어갈 알맞은 단어를 기입하고 문장을 완성하시오.

| 그리고<br>(and) | 그런데, 하지만<br>(but) | ~에서, ~에서부터<br>(from) | ~에 관한, ~에 따라<br>(of, by) |
|---|---|---|---|
|  |  |  |  |

| 무슨/무엇 (what) | ---------- - ---------- - ---------- - ---------- |
|---|---|
| 어디, 어디에 (where) |  |
| 어디에서, 어디에서부터 (from where) |  |

1  그는 어디에서 왔나요?

→ _____ е той?

2  이탈리아에서 왔어요.

→ _____ Италия.

3  우리는 독일이 아니라 프랑스에서 왔어요.

→ Ние сме _____ Франция, _____ не _____ Германия.

4  그와 그녀는 중국에서 왔어요.

→ Той _____ тя са _____ Китай.

5  그녀는 어느 나라 사람이니?

→ _____ е тя _____ националност?

6  러시아에서 오셨나요?

→ _____ Русия ли сте?

УРОК 04

**3** 다음 중 '한국인'이라는 뜻을 가진 단어를 모두 고르시오.

① корейска    ② корейка    ③ корейско

④ кореец      ⑤ корейски

**4** 다음 중 '불가리아인'이라는 뜻을 가진 단어를 모두 고르시오.

① български   ② българин   ③ българка

④ българска   ⑤ българско

**5** 다음을 작문하시오.

1  어디서 오셨나요? (Where are you from?)

   → _____ (격식)

2  어디서 왔어? (Where are you from?)

   → _____ (비격식)

3  불가리아 소피아에서 왔어요. (From Sofia, Bulgaria.)

   → _____

4  저는 한국 서울에서 왔습니다. (I'm from Seoul, South Korea.)

   → _____

**6** 다음 빈칸에 형용사의 형태를 기입하고 단어의 뜻을 바르게 연결하시오.

1  юг, [южен - _____ - _____ - _____ ]    (a) 동, 동쪽의

2  север, [северен - _____ - _____ - _____ ]    (b) 서, 서쪽의

3  запад, [западен - _____ - _____ - _____ ]    (c) 남, 남쪽의

4  изток, [източен - _____ - _____ - _____ ]    (d) 북, 북쪽의

# УРОК 05

직업과 언어 — 불가리아어를 할 줄 아세요?

# Говорите ли български?

## Диалог 🎧 5-1

А: Каква сте по професия?
깍끄바 스떼 뽀 쁘로페씨야?

Б: Аз съм учителка по английски език. Работя в Южна Корея. Говорите ли английски?
아쎔 우취뗄 뽀 앙글리이스키 에직. 라보땨 브 유즈나 꼬레야. 고보리떼 리 앙글리이스키?

А: Да, малко. Аз съм студент. Следвам български език.
다, 말코. 아쎔 스뚜덴트. 슬레드밤 벌가르스키 에직.

Б: И аз уча български. Трудно ми е.
이 아쓰 우챠 벌가르스키. 뚜르드노 미 에.

А: Вие говорите български много добре.
비에 고보리떼 벌가르스키 므노고 도브레.

Б: Наистина ли? Благодаря.
나이스띠나 리? 블라고다랴.

А: 직업이 어떻게 되세요?
Б: 저는 영어 선생님이에요. 한국에서 일하고 있어요. 영어를 할 줄 아세요?
А: 네, 조금요. 저는 대학생이에요. 불가리아어를 전공하고 있어요.
Б: 저도 불가리아어를 공부해요. 저한테는 어렵더라고요.
А: 불가리아어 엄청 잘하시는 걸요.
Б: 정말요? 감사합니다.

*격식체 회화

## Думи

(남) **учител** / (여) **учителка** 선생님

**английски** 잉글랜드의 / 영어

**език** 언어, 혀

**английски език** 영어

**работя** 일하다

**в / във** ~에, ~안에

**говоря** 말하다

**малко** 작은(small), 적게, 조금

[**малък – малка – малко – малки**] 작은

(남) **студент** / (여) **студентка** 대학생

**следвам** 전공하다, 따라가다

**български** 불가리아의 / 불가리아어

**български език** 불가리아어

**уча** 공부하다

**трудно** 어렵게, 힘들게

[**труден – трудна – трудно – трудни**] 어려운, 힘든

**много** 매우, 아주, 많이

**наистина** 정말로

УРОК 05

# Изрази  🎧 5-2

### ❶ 직업

[질문]

| 남 | Какъв сте по професия? | 격식 직업이 어떻게 되시나요? |
| 여 | Каква сте по професия? | |

응용 Какво работите?   어떤 일을 하세요?

[답변]

| По професия съм _____. | 제 직업은 ~입니다. |

응용 Аз работя в / във ~.   저는 ~에서 일해요.

응용 Не работя, студент / студентка съм. Следвам ~.
직장인이 아니라 대학생이에요. ~를 전공해요.

[참고]

| в / във   ~에서, ~에 (in) |

във + [в/ф로 시작하는 단어]
예 в България 불가리아에서   във Франция 프랑스에서   във вторник 화요일에

〈동사 활용〉

| 주격 인칭대명사 \ 동사 | 2식<br>일하다<br>(work) | 2식<br>공부하다<br>(study) | 3식<br>전공하다, 따라가다<br>(major, follow) |
|---|---|---|---|
| аз | работя | уча | следвам |
| ти | работиш | учиш | следваш |
| той / тя / то | работи | чуи | следва |
| ние | работим | учим | следваме |
| Вие / вие | работите | учите | следвате |
| те | работят | учат | следват |

| 관련 단어 |

〈직업〉 단 **професия** – 복 **професии** (profession – professions)

| 단어＼성 | 남성 | 여성 |
|---|---|---|
| 학생 | ученик | ученичка |
| 선생님 | учител | учителка |
| 대학생 | студент | студентка |
| 대학 강사 / 교수 | преподавател / професор | |
| 의사 / 닥터(박사) | лекар / доктор | |
| 요리사 / 셰프 | готвач / шеф | |
| 점원, 판매원 | продавач | |
| 통번역가 | преводач | |
| 기자, 언론인 | журналист | |
| 변호사 | адвокат | |

참고 1

직업을 지칭하는 단어가 대부분 '남성형'과 '여성형(-ка)'으로 구분되어 있지만 근래에는 구분 없이 남성형으로 통칭하기도 한다.

참고 2

직업을 의미하는 일부 단어는 동사 및 명사에서 기인한다.

уча 공부하다 → ученик 학생 / учител 선생님

преподавам / преподам 강의하다, 가르치다 → преподавател 대학 강사 / 교수

готвя 요리하다, 준비하다 → готвач 요리사

продавам / продам 팔다, 판매하다 → продавач 점원, 판매원

превеждам / преведа 통번역하다
превод 통번역 → преводач 통번역가

외래어에서 기인한 단어도 존재한다.

영어 (university) student → студент 대학생

영어 professor → професор 교수

영어 chef → шеф 셰프

영어 journalist → журналист 기자, 언론인

영어 advocate → адвокат 변호사

# УРОК 05

## 2 언어 사용

질문

| Говорите ли _____ (език)? | 격식 ~(언어)를 할 줄 아세요? |

답변

| Да, говоря _____ (език). | 네, 저는 ~(언어)를 구사합니다. |
| Не, не говоря _____ (език). | 아니오, ~(언어)를 구사하지 못합니다. |

응용 Да, малко.     네, 조금요.
응용 Говоря на английски.     저는 영어로 말합니다.
응용 Не говоря английски добре.     저는 영어를 잘 못해요.
응용 Говоря само български.     저는 불가리아어만 할 수 있어요.
응용 Не говоря английски, но говоря корейски.
    저는 영어를 못하지만 한국어를 해요.

**на ~**
~에, ~위에, ~의 (on, of 등)

**но** 그러나 (but)

**[сам – сама – само – сами]**
혼자 (alone)

**само** 혼자 (alone), 오직, 오로지 (only)

| 관련 단어 |

〈언어〉 단 **език** – 복 **езици** (language – languages)

| 영어 | 불가리아어 | 한국어 |
|---|---|---|
| английски (език) | български (език) | корейски (език) |

형 [британски – британска – британско – британски]    영국의
형 [английски – английска – английско – английски]    잉글랜드의
형 [български – българска – българско – български]    불가리아의
형 [корейски – корейска – корейско – корейски]    한국의

〈동사 활용 (불완료형 / 완료형)〉

| 주격 인칭대명사 \ 동사 | 2식<br>말하다<br>(speak, talk) | 3식 / 2식<br>대답하다<br>(answer) |
|---|---|---|
| аз | говоря | отговарям / отговоря |
| ти | говориш | отговаряш / отговориш |
| той / тя / то | говори | отговаря / отговори |
| ние | говорим | отговаряме / отговорим |
| Вие / вие | говорите | отговаряте / отговорите |
| те | говорят | отговарят / отговорят |

Говорите ли български?

**[труден – трудна – трудно – трудни]**
어려운, 힘든 (difficult, hard)

**[лесен – лесна – лесно – лесни]**
쉬운 (easy)

| 관련 표현 |

| | |
|---|---|
| Трудно е. | 어려워요. / 힘들어요. |
| Лесно е. | 쉬워요. |

응용 Трудно ми е.   제게는 어려워요. / 힘들어요.

응용 Лесно ми е.   제게는 쉬워요.

참고

| а와 но 비교 |

а와 но는 문장과 문장을 연결할 때 쉼표와 함께 사용한다.

| **а** 그런데, 하지만 (but) | **но** 그러나 (but) |
|---|---|
| 비교하는 내용 | 대조되거나 예상과 다른 내용 |

**въпреки това**
그러나 (however)

Той говори корейски, а тя говори български.
그는 한국어를 하지만, 그녀는 불가리아어를 한다.

А ти?
너는 어때?

Той говори английски, но тя не говори.
그는 영어를 할 수 있으나, 그녀는 그렇지 않다.

Аз уча български, но не говоря добре.
나는 불가리아어를 공부하지만, 불가리아어를 잘 못한다.

57

## Граматика

● 의문소사 ли를 사용한 의문문의 어순

| 평서문 어순 | | 의문문 어순 | |
|---|---|---|---|
| 긍정 | 부정 | 긍정 | 부정 |
| 주어 съм | не съм | ли съм? | не съм ли? |
| 주어 (се/си) 일반동사 | не (се/си) 일반동사 | 일반동사 ли (се/си)? | не (се/си) 일반동사 ли? |

의문소사 ли는 강조하고자 하는 단어 뒤에 위치한다. 이때 일반동사의 어순은 유동적인 반면 съм 동사와 재귀대명사 се / си의 어순은 고정된다.

Аз съм студент.   나는 대학생이다.
→ Аз ли съм студент?   내가 대학생이라고?
→ Аз студент ли съм?   내가 대학생이라고?

Той учи български език.   그는 불가리아어를 공부한다.
→ Той ли учи български език?   그가 불가리아어를 공부한다고?
→ Той учи ли български език?   그가 불가리아어를 공부한다고?
→ Той български език ли учи?   그가 불가리아어를 공부한다고?

| 관련표현 |

| Така ли? | 그래요? (Is that so?) |
|---|---|
| Нали? | 그렇지요? / 맞죠? (Right?) |
| Наистина ли? | 정말이에요? (Really?) |

**наистина** 정말로

## Упражнения

**1** 다음 빈칸에 단어의 뜻을 기입하시오.

1. ИМЕ  ....................
2. СТРАНА / ДЪРЖАВА  ....................
3. НАЦИОНАЛНОСТ / НАРОДНОСТ  ....................
4. ПРОФЕСИЯ  ....................
5. ЕЗИК  ....................

**2** 다음 빈칸에 들어갈 알맞은 의문사 또는 의문소사를 기입하시오.

1. .................... сте, господин Иванов?  잘 지내시죠, 이바노프 씨?
2. .................... е тя?  그녀는 어디에서 왔어?
3. Той .................... е по професия?  그의 직업은 무엇인가요?
4. Работите .................... в България?  불가리아에서 일하세요?
5. .................... работите, господине?  어떤 일을 하시나요?
6. .................... са те по професия?  그들의 직업은 무엇인가요?
7. .................... се казвате?  성함이 어떻게 되세요?
8. .................... са Ана и Георги?  아나와 게오르기는 잘 지내요?
9. Тя учи ....................?  그녀가 공부한다고?
10. .................... сте по народност, госпожо Иванова?  어느 나라 사람이세요, 이바노바 씨?

УРОК 05

**3** 다음 문장에서 съм 동사가 들어가야 하는 곳을 고르시오.

1  ① учителка ② ли ③ тя ④ ?　　　그녀는 선생님인가요?

2  ① той ② не ③ ли ④ ученик ⑤ ?　　그는 학생이 아닌가요?

3  ① ти ② не ③ лекар ④ .　　　　　너는 의사가 아니야.

4  ① от ② Южна ③ Корея ④ ли ⑤ те ⑥ ?　그들은 한국에서 왔어?

**4** 다음을 작문하시오.

1  영어를 할 줄 아시나요? (Do you speak English?)

→ _____ (격식)

2  저는 한국어를 구사합니다. (I speak Korean.)

→ _____

3  저는 불가리아어를 공부합니다. (I study Bulgarian.)

→ _____

4  저는 프랑스에서 일합니다. (프랑스: **Франция**) (I work in France.)

→ _____

**5** 다음을 작문하시오.

안녕하세요, 여러분! 제 이름은 ○○○입니다.
저는 한국에서 온 대학생이고 불가리아어를 전공하고 있습니다. 만나서 반갑습니다.

**ВСИЧКИ**
모두, 여러분 (all, everyone)

**6** 다음 <보기>에서 빈칸에 들어갈 알맞은 단어를 골라 문장을 완성하시오.
(단어 중복사용 가능)

| 보기 |
| --- |
| на   нали   наистина   така   така ли |

1  Ти си студентка, _____?        너 대학생이지, 그렇지?

2  _____ е хубаво?                 멋지지?

3  _____? Супер си!                그래? 너 좀 최고다!

4  Той говори _____ български.     그는 불가리아어로 말해요.

5  _____ е.                        그렇습니다.

6  _____ е лесно.                  정말로 쉬워요.

**супер** 최고의, 대단한, 멋진
(super) (비격식)

# УРОК 06

**사물과 소유** 이것은 무엇인가요?

# Какво е това?

## Диалог 🎧 6-1

А: Какво е това?
Б: Това е учебник по български език за студенти. Този учебник е много популярен тези дни.
А: А имате ли българско-английски речник?
Б: Не, нямаме. Имаме само учебници.
А: Добре. Тогава дайте ми един учебник, моля.
Б: Нещо друго?
А: Не, благодаря. Това е всичко.

А: 이거 뭐예요?
Б: 이건 대학생들을 위한 불가리아어 교과서예요. 요즘에 이 교과서가 인기 많아요.
А: 그럼 불가리아-영어 사전이 있나요?
Б: 아뇨, 없어요. 교과서들만 있어요.
А: 그렇군요. 그러면 교과서 한 권 주세요.
Б: 다른 거는요?
А: 아뇨, 괜찮습니다. 이게 다예요.

*격식체 회화

### Думи

**това** 이, 이것

**[този – тази – това – тези]** 이

**단 учебник – 복 учебници** 교과서

**за** ~를 위한, ~에 대한

**[популярен – популярна – популярно – популярни]** 인기 있는

**тези дни** 요즘

**단 ден – 복 дни** 하루, 날, 일

**단 речник – 복 речници** 사전

**нямам** ~를 가지고 있지 않다

**имам** ~를 가지고 있다

**само** 혼자 / 오직, 오로지

**тогава** 그러면

**Дайте ми ~.** 저에게 ~를 주세요.(Give me ~.) (격식)

**[един – една – едно]** 하나의, 한 개의

**нещо** 무언가, 어떤 것

**[друг – друга – друго – други]** 또 다른

**друго** 또 다른 것

**всичко** 전부, 모든 것

## Изрази 🎧 6-2

### 1 사물

| 질문 | | |
|---|---|---|
| | Какво е това? | 이것은 무엇인가요? |

응용 Какво е + [този / тази / това] + 단수 명사?
응용 Какви са + тези + 복수 명사?

| 답변 | | |
|---|---|---|
| | Това е _____. | 이것은 ~입니다. |

| 관련 단어 |

〈지시대명사〉

| 지시대명사 \ 성 | 남성 | 여성 | 중성 | 복수 |
|---|---|---|---|---|
| 이 (this, these) | този | тази | това | тези |
| 저 (that, those) | онзи | онази | онова | онези |

〈사물〉 단 **продукт** – 복 **продукти** (product – products)

| молив | 연필 | чанта | 가방 |
|---|---|---|---|
| химикалка | 볼펜 | чадър | 우산 |
| книга | 책 | чаша | 컵, 잔 |
| учебник | 교과서 | вода | 물 |
| речник | 사전 | кафе | 커피 |
| вестник | 신문 | чай | 차(tea) |
| списание | 잡지 | огледало | 거울 |
| тетрадка | 공책 | врата | 문 |
| маса | 탁자 | прозорец | 창문 |
| бюро | 책상 | компютър | 컴퓨터 |
| стол | 의자 | (мобилен) телефон | 휴대폰 |
| ключ | 열쇠 | снимка | 사진 |
| карта | 카드, 지도 | картина | 그림 |

## УРОК 06

> 참고 💡

### 〈사물의 용도 표현〉

| за　～를 위한, ～에 대해서 (for) |
|---|

чаша за вода  물컵　　чаша за кафе  커피잔　　чаша за чай  찻잔

### 〈사물의 크기 및 양 표현〉

| 형 [малък - малка - малко - малки] | 작은 | 부 | малко | 조금, 적게 |
|---|---|---|---|---|
| 형 [голям - голяма - голямо - големи] | 큰 | 부 | много | 매우, 많이 |

малък стол  작은 의자　　　　малко вода  적은 물
голяма маса  큰 테이블　　　 много книги  많은 책들

*일반 복수형: 6강 p.68~69 참고

이외에도 남성/여성/중성 명사의 어미에 각각 + че / + ичка / + це를 추가하면 '작은'이라는 의미를 나타낼 수 있다.

| 남성 명사 | | 여성 명사 | | 중성 명사 | |
|---|---|---|---|---|---|
| + че | | 마지막 음절 제거 후 + ичка | | 마지막 음절 제거 후 + це | |
| стол | столче | маса | масичка | огледало | огледалце |
| 의자 | 작은 의자, 꼬마 의자 | 테이블 | 작은 테이블, 협탁 | 거울 | 작은 거울, 손거울 |

### 〈사물의 길이 / 너비 / 무게 표현〉

| 형 [къс - къса - късо - къси] | 형 [дълъг - дълга - дълго - дълги] |
|---|---|
| 짧은* | 긴 |

къса химикалка  짧은 볼펜　　дълъг молив  긴 연필

**[кратък – кратка – кратко – кратки]**
짧은 (구체적인 사물의 길이가 아닌 추상적인 시간의 흐름)

| 형 [тесен - тясна - тясно - тесни] | 형 [широк - широка - широко - широки] |
|---|---|
| 좁은 | 넓은 |

тясна врата  좁은 문　　широк прозорец  넓은 창문

| 형 [лек - лека - леко - леки] | 형 [тежък - тежка - тежко - тежки] |
|---|---|
| 가벼운 | 무거운 |

лека чадър  가벼운 우산　　тежка чанта  무거운 가방

> Какво е това?

> 참고

**| това의 사용법 |**

това는 영어의 this에 해당하는 단어이다. 단독으로 사용하거나 중성 명사와 결합하여 사용하는 등 그 쓰임새가 다양하다.

① 중성 명사를 수식할 때

Това бюро е много голямо.
이 책상은 매우 크다.

② 사물을 지칭하면서 소개할 때

Това е книга.
이것은 책입니다.

Това са книги.
이것들은 책들입니다.

③ 장소를 지칭하면서 소개할 때

Това е София в България.
이곳은 불가리아에 있는 소피아입니다.

Това са градове в България.
이곳들은 불가리아에 있는 도시들입니다.

④ 사람을 지칭하면서 소개할 때

Това е Петър.
이쪽은 뻬떠르입니다.

Това са господин Иванов и госпожо Иванова.
이분들은 이바노프 씨와 이바노바 씨입니다.

⑤ 말을 끝맺을 때

Това е.
여기까지입니다.

---

✱това가 중성 명사와 결합하지 않고 단독으로 사용되는 경우, 해당 대상의 단·복수에 따라 съм 동사의 형태인 단수형 e 또는 복수형 са를 사용할 수 있다.

*일반 복수형: 6강 p.68~69 참고

*일반 복수형: 6강 p.68~69 참고

УРОК 06

### 2 소유

질문

| Имате ли _____? | 격식 ~가 있나요? (Do you have ~?) |

답변

| Имам _____. | 저는 ~가 있어요. (I have ~.) |
| Нямам _____. | 저는 ~가 없어요. (I don't have ~.) |

응용 Имам + [един – една – едно] + 단수 명사.    저는 ~가 하나 있습니다.
응용 Имам + много + 일반 복수 명사.    저는 ~가 많이 있습니다.

| 단어＼성 | 남성 | 여성 | 중성 |
|---|---|---|---|
| 한 개의, 하나의 (one) | един | една | едно |
| 여러 개의, 많은 (many, much) | много | | |

⟨동사 활용⟩

| 주격 인칭대명사＼동사 | 3식 ~가 있다. (have) | 3식 ~가 없다. (don't have) |
|---|---|---|
| аз | имам | нямам |
| ти | имаш | нямаш |
| той / тя / то | има | няма |
| ние | имаме | нямаме |
| Вие / вие | имате | нямате |
| те | имат | нямат |

◆ има / няма
① 소유: 가지고 있다 / 가지고 있지 않다
② 존재: 있다 / 없다

Какво е това?

**тук** 여기(here)
**там** 저기(there)

○ чанта + та
  = 여성 명사 + 관사
*관사: 11강 p.110~111 참고

**давам / дам** 주다(give)
**получавам / получа**
받다(get, receive)

**още** 더, 아직, 여전히(more, yet, still)

> 참고 💡
>
> | има와 няма의 사용법 |
>
> ① 소유의 의미: ~를 가지고 있다 / 가지고 있지 않다
>
> | Той/Тя има ли молив? | 그/그녀가 연필을 가지고 있나요? |
> | Той/Тя няма молив. | 그/그녀는 연필을 가지고 있지 않습니다. |
>
> ② 존재의 의미: ~가 있다 / 없다
>
> | Тук има ли молив? | 여기 연필 있나요? |
> | Няма молив тук. Там има. | 연필은 여기 없습니다. 저기 있어요. |
> | Какво има? | 무슨 일이야? / 무엇이 있나요? |
> | Какво има в чантата? | 가방 안에 뭐가 있나요? |

| 관련 표현 |

| Дайте ми _____, моля. | 격식 저에게 ~를 주세요. |
| Дай ми _____, моля. | 비격식 나에게 ~를 줘. |

> 참고 💡

명령형 표현이기 때문에 공손하게 부탁하는 어조로 моля 등을 같이 사용하는 것을 권장한다.

| Нещо друго? | 또 다른 것은요?<br>(Something else? / Anythig else?) |
| Още нещо? | 뭐 더 필요한 거 없으세요?<br>(Something else? / Anythig else?) |

# Граматика

● **명사의 일반 복수형**

| 남성 명사 | 여성 명사 | 중성 명사 |
|---|---|---|
| -자음 + и | | -е + та |
| -й 제거 + и | -а / -я 제거 + и | -ие 제거 + ия |
| -к 제거 + ци | | -о 제거 + а |
| (단음절 남성 명사) + ове | | -и + та |
| молив → моливи<br>연필 | жена → жени<br>여자 | кафе → кафета<br>커피 |
| трамвай → трамваи<br>트램 | книга → книги<br>책 | списание → списания<br>잡지 |
| вестник → вестници<br>신문 | стая → стаи<br>방 | езеро → езера<br>호수 |
| стол → столове<br>의자 | чаша → чаши<br>컵, 잔 | такси → таксита<br>택시 |

◆ 단음절 남성 명사는 마지막 음절이 -자음 / -й / -к인 경우에도 '복수형 + ове'의 형태를 갖는다.
ключ → ключове 열쇠
чай → чайове 차 (tea)
лек → лекове 치료

> 주의 🔍

기본 복수형 외에 다음과 같이 주의해야 할 유형들이 존재한다. 별도 규칙이나 구분법이 없으며 학습과 암기를 통해 익히도록 한다.

① 남성 명사의 끝에서 두 번째 음절이 ъ 또는 е → 복수형에서 해당 글자의 제거 여부

| ъ 유형 | чадър → чадъри | 우산 | компютър → компютри | 컴퓨터 |
|---|---|---|---|---|
| е 유형 | орех → орехи | 호두 | прозорец → прозорци | 창문 |

명사의 복수형은 ъ 또는 е가 제거되는 경우가 상대적으로 더 많은 편이다.

② 예외 복수형 – 여성 명사와 중성 명사

| име → имена | 이름 | дете → деца | 아이 | дядо → дядовци | 할아버지 |
|---|---|---|---|---|---|
| цвете → цветя | 꽃 | око → очи | 눈 (eye) | ухо → уши | 귀 |
| ръка → ръце | 손, 팔 | зъб → зъби | 이, 치아 | | |

③ 예외 복수형 - 남성 명사

| човек → хора | 사람 | мъж → мъже | 남자 |
|---|---|---|---|
| брат → братя | 남자형제 (형, 오빠, 남동생) | ден → дни | 하루, 날, 일 |
| цвят → цветове | 색깔 | център → центрове | 중심, 도심, 시내 |
| кон → коне | 말 (horse) | крак → крака | 발, 다리 |
| диалог → диалози | 대화, 다이얼로그 | | |

*남성 명사의 가산 복수형: 8강 **p.85~86** 참고

# УРОК 06

## Упражнения

**1** 다음을 작문하시오.

이것은 무엇입니까? (What is this?)   → _____

**2** 다음 대화의 빈칸에 들어갈 알맞은 단어를 기입하시오.

> А: _____ книга ли е?        이거 책이야?
>
> Б: Не, _____ не е книга.     아니, 이거 책 아니야.
>
> А: А _____ ?                 그럼 이거는?

**3** 다음 문장들의 빈칸에 공통으로 들어가는 단어를 고르시오.

> • Какъв сте _____ професия?
> • _____ професия съм лекар.
> • Аз съм учител _____ български език.
> • Какъв сте _____ националност?
> • Това е учебник _____ български език.

① в / във   ② с / със   ③ на   ④ за   ⑤ да

⑥ по   ⑦ но   ⑧ а   ⑨ и   ⑩ от

**4** 다음 빈칸에 들어갈 형용사의 알맞은 형태를 기입하고 문장을 완성하시오.

| 이 | този - ............... - ............... - ............... |
|---|---|
| 저 | онзи - ............... - ............... - ............... |
| 큰 | голям - ............... - ............... - ............... |
| 작은 | малък - ............... - ............... - ............... |

1 이 큰 창문

→ ................................................ прозорец

2 이 큰 그림

→ ................................................ картина

3 이 큰 거울

→ ................................................ огледало

4 저 작은 우산

→ ................................................ чадър

= ................................................ чадърче

5 저 작은 가방

→ ................................................ чанта

= ................................................ чантичка

6 저 작은 책상

→ ................................................ бюро

= ................................................ бюрце

**5** 다음 대화의 빈칸에 들어갈 알맞은 동사를 기입하시오.

А: ............... ли компютър тук?    여기 컴퓨터 있나요?

Б: Не, ............... .    아니요, 없어요.

## УРОК 06

**6** 다음 <보기>를 참고하여 각각 일반동사의 어미 형태, 숫자 1, 명사의 일반 복수형을 기입하시오.

> ┤ 보기 ├
> [един – една – едно]
> Аз имам един молив. → Нямам много моливи.

1. Аз има_____ _____ компютър.
   → Няма_____ много _____.

2. Ти има_____ _____ книга.
   → Няма_____ много _____.

3. Той има_____ _____ вестник.
   → Няма_____ много _____.

4. Тя има_____ _____ бюро.
   → Няма_____ много _____.

5. Ние има_____ _____ ключ.
   → Няма_____ много _____.

6. Вие има_____ _____ тетрадка.
   → Няма_____ много _____.

7. Вие има_____ _____ списание.
   → Няма_____ много _____.

8. Те има_____ _____ чай.
   → Няма_____ много _____.

# УРОК 07

숫자 하나, 둘, 셋

# Едно, две, три

## Диалог 🎧 7-1

А: Имам въпрос. Колко е едно плюс две?
Б: Три! Това е твърде лесно.
А: Правилно! Знаеш числата на български.
Б: Разбира се. За втори път вече съм в България. Мога да броя до сто.
А: А две по десет?
Б: Дванадесет.
А: Грешен отговор. Две по десет е равно на двадесет.

### Думи

**въпрос** 질문
**колко** 얼마(how much/many)
**[един – една – едно]** 1
**плюс** 더하기
**[два – две – две]** 2
**три** 3
**твърде** 너무(too)
**правилно** 올바르게, 정확하게
**зная (= знам)** 알다
단 **число** – 복 **числа** 숫자
*관사 11강 p.110~111 참고
**[втори – втора – второ – втори]** 두 번째의
**път** ~번(time), 길, 도로(way, road)
**вече** 이미, 벌써(already)
**мога** 할 수 있다
**да** ~하는 것을(to)
**броя** (숫자 등을) 세다
**сто** 100
**(умножено) по** 곱한
**десет** 10
**дванадесет (= дванайсет)** 12
**[грешен - грешна - грешно - грешни]** 잘못된
**отговор** 답변
**е равно на** ~와 동일하다
**двадесет (= двайсет)** 20

---

А: 질문이 있어. 1 더하기 2는 얼마일까?
Б: 3! 이건 너무 쉽잖아.
А: 맞았어! 불가리아어로 숫자를 알고 있네.
Б: 당연하지. 불가리아에 온 게 벌써 두 번째인걸. 100까지 셀 수 있어.
А: 그럼 2 곱하기 10은?
Б: 12.
А: 오답이야. 2 곱하기 10은 20이지.

*비격식체 회화

73

## Изрази 🎧 7-2

### 1 기수

⟨0 ~ 10⟩

| 0 | нула   | 6  | шест  |
|---|--------|----|-------|
| 1 | едно   | 7  | седем |
| 2 | две    | 8  | осем  |
| 3 | три    | 9  | девет |
| 4 | четири | 10 | десет |
| 5 | пет    |    |       |

숫자 1과 2는 별도로 [남성 – 여성 – 중성]의 형태를 갖는다.

| 숫자 \ 성 | 남성 | 여성 | 중성 |
|---|---|---|---|
| 하나의 | един | една | едно |
| 둘의   | два  | две  | две  |

⟨11 ~ 19⟩ + **надесет**

| 11 | единадесет    | = | единайсет    |
| 12 | дванадесет    | = | дванайсет    |
| 13 | тринадесет    | = | тринайсет    |
| 14 | четиринадесет | = | четиринайсет |
| 15 | петнадесет    | = | петнайсет    |
| 16 | шестнадесет   | = | шестнайсет   |
| 17 | седемнадесет  | = | седемнайсет  |
| 18 | осемнадесет   | = | осемнайсет   |
| 19 | деветнадесет  | = | деветнайсет  |

❋ 숫자 11 ~ 19, 20 ~ 49, 60 ~ 69를 나타내는 관련 단어들의 десет 부분은 йсет으로 대체할 수 있다.

⟨20 ~ 90⟩ + десет

| 20 | двадесет | = | двайсет |
|---|---|---|---|
| 30 | тридесет | = | трийсет |
| 40 | четиридесет | = | четирийсет |
| 50 | петдесет | | |
| 60 | шестдесет | = | шейсет |
| 70 | седемдесет | | |
| 80 | осемдесет | | |
| 90 | деветдесет | | |

| 21 | двадесет и едно | = | двайсет и едно |
|---|---|---|---|
| 22 | двадесет и две | = | двайсет и две |

⟨100 ~⟩ сто / + ста / + стотин

| 100 | сто | 600 | шестстотин |
|---|---|---|---|
| 200 | двеста | 700 | седемстотин |
| 300 | триста | 800 | осемстотин |
| 400 | четиристотин | 900 | деветстотин |
| 500 | петстотин | | |

| 120 | сто и двадесет | = | сто и двайсет |
|---|---|---|---|
| 121 | сто двадесет и едно | = | сто двайсет и едно |
| 222 | двеста двадесет и две | = | двеста двайсет и две |

⟨1,000 ~⟩

| 1,000 | 천 (thousand) | хиляда |
|---|---|---|
| 1,000,000 | 백만 (million) | милион |
| 1,000,000,000 | 십억 (billion) | милиард |
| 1,000,000,000,000 | 조 (trillion) | трилион |

### 2 서수

| | | |
|---|---|---|
| 1st | 첫 번째 | [първи - първа - първо - първи] |
| 2nd | 두 번째 | [втори - втора - второ - втори] |
| 3rd | 세 번째 | [трети - трета - трето - трети] |
| 4th | 네 번째 | [четвърти - четвърта - четвърто - четвърти] |
| 5th | 다섯 번째 | [пети - пета - пето - пети] |
| 6th | 여섯 번째 | [шести - шеста - шесто - шести] |
| 7th | 일곱 번째 | [седми - седма - седмо - седми] |
| 8th | 여덟 번째 | [осми - осма - осмо - осми] |
| 9th | 아홉 번째 | [девети - девета - девето - девети] |
| 10th | 열 번째 | [десети - десета - десето - десети] |
| 11th | 열한 번째 | [единадесети - а - о - и] = [единайсети - а - о - и] |
| 20th | 스무 번째 | [двадесети - а - о - и] = [двайсети - а - о - и] |
| 21st | 스물한 번째 | [двадесет и първи - а - о - и] = [двайсет и първи - а - о - и] |
| 22nd | 스물두 번째 | [двадесет и втори - а - о - и] = [двайсет и втори - а - о - и] |

> **참고**
>
> 서수는 다음과 같이 표기하기도 한다.
>
> [1-ви, 1-ва, 1-во, 1-ви]
>
> [2-ри, 2-ра, 2-ро, 2-ри]
>
> [3-ти, 3-та, 3-то, 3-ти]
>
> …
>
> [7-ми, 7-ма, 7-мо, 7-ми]

○ 구어체에서 네 번째 이상부터는 남성형으로 통칭하기도 한다.

Едно, две, три

| 기수 사용 | 서수 사용 |
|---|---|
| 수량, 시각, 시간, 가격, 사칙연산, 전화번호, 연수, 나이 등 | 날짜(일), 연도, 층수, 순서 등 |

[단] **число** - [복] **числа**
숫자

[단] **номер** - [복] **номера**
번호 → 예외 복수형

### ❸ 횟수 및 배수

| един път | 한 번 (once) |
|---|---|
| два пъти | 두 번 / 두 배 (twice) |
| три пъти | 세 번 / 세 배 (three times) |

◆ 이상의 횟수 및 배수 표현 역시 **пъти**를 사용한다.

참고

| път의 사용법 |

① ~번

| 단수 — 복수 | път — пъти |
|---|---|

един път, два пъти, три пъти ... много пъти  한 번, 두 번, 세 번 ... 여러 번
първи път, втори път, трети път ...  첫 번째, 두 번째, 세 번째 ...

응용 **за първи път** 처음으로 (for the first time)

② 길, 도로

| 단수 — 복수 | 남성 명사 가산 복수형* (един 제외한 숫자 / колко / няколко / толкова) | 남성 주격 / 비주격 관사* |
|---|---|---|
| път — пътища | пътя | пътят / пътя |

**колко** 얼마나
**няколко** 몇몇의
**толкова** 그만큼 (많이)

един път, два пътя, три пътя   한 개의 길, 두 개의 길, 세 개의 길
... много пътища   ... 많은 길

응용 **Приятен път!**   좋은 여행길 되세요!

*남성 명사의 가산 복수형: 8강 p.85~86 참고
관사: 11강 p.110~111 참고

## УРОК 07

## Упражнения

**1** 다음 대화의 빈칸에 들어갈 알맞은 숫자 표현을 기입하시오.

> A Какъв е Вашият телефонен номер?
> 전화번호가 어떻게 되세요?
>
> Б Моят телефонен номер е _____ .
> 제 전화번호는 010 - 2345 - 6789입니다.

**Ваш+ият**
당신의(your) (격식)

**телефонен номер**
전화번호(phone number)

**мо(й)+ят**  나의(my)

*관사: 11강 p.110~111 참고
*소유격 인칭대명사:
 14강 p.144~146 참고

**2** 다음 빈칸에 숫자 1과 2의 [남성-여성-중성] 형태를 기입하시오.

| 숫자 \ 성 | 남성 | 여성 | 중성 |
|---|---|---|---|
| 1 | | | |
| 2 | | | |

**3** 다음 표를 참고하여 사칙연산식을 불가리아어로 풀어 쓰시오.

| 더하다 (+) | 빼다 (-) | 곱하다 (×) | 나누다 (÷) |
|---|---|---|---|
| плюс | минус | умножено по | делено на |
| ~와 같다 (=) | | ~와 같지 않다 (≠) | |
| е равно на | | не е равно на | |

1  43 + 16 = 59

→ _____

2  87 − 25 ≠ 33

→ _____

3  11 × 12 = 132

→ _____

4  190 ÷ 10 = 19

→ _____

④ 다음 빈칸에 들어갈 알맞은 단어를 순서대로 나열한 것을 고르시오.

| 100 | 200 | 300 | 400 | 500 |
|---|---|---|---|---|
| .......... | две .......... | три .......... | четири .......... | пет .......... |

① сто – сто – ста – стотин – стотин

② сто – ста – стотин – стотин – стотин

③ сто – ста – ста – стотин – стотин

④ сто – ста – ста – ста – стотин

⑤ 다음 빈칸에 숫자 1에 해당하는 알맞은 형태를 기입하시오.

| 일백만 (one million) | 일십억 (one billion) | 일조 (one trillion) |
|---|---|---|
| .......... милион | .......... милиард | .......... трилион |

⑥ 다음 서수의 [남성-여성-중성-복수] 형태와 횟수 및 배수의 올바른 형태를 기입하시오.

1  첫 번째 (1st)    .......... - .......... - .......... - ..........
2  두 번째 (2nd)    .......... - .......... - .......... - ..........
3  세 번째 (3rd)    .......... - .......... - .......... - ..........
4  네 번째 (4th)    .......... - .......... - .......... - ..........
5  다섯 번째 (5th)  .......... - .......... - .......... - ..........
6  여섯 번째 (6th)  .......... - .......... - .......... - ..........
7  일곱 번째 (7th)  .......... - .......... - .......... - ..........
8  여덟 번째 (8th)  .......... - .......... - .......... - ..........
9  아홉 번째 (9th)  .......... - .......... - .......... - ..........
10 열 번째 (10th)   .......... - .......... - .......... - ..........
11 한 번 (once)    ..........
12 두 번 / 두 배 (twice)    ..........
13 세 번 / 세 배 (three times)    ..........
14 여러 번 (many times)    ..........

# УРОК 08 — Колко струва?

가격과 계산 / 얼마예요?

## Диалог 🎧 8-1

А: Колко струва?
Б: Два лева и петдесет стотинки.
А: Скъпо е. Искам нещо евтино. А това?
Б: Един лев.
А: Ще взема това.
Б: В брой или с карта?
А: С кредитна карта, моля. Ето, заповядайте.
Б: Благодаря. Заповядайте пак!

А: 얼마예요?
Б: 2 레바 50 스또띤끼입니다.
А: 비싸네요. 전 저렴한 걸 원해요. 그럼 이거는요?
Б: 1 레프입니다.
А: 이걸로 할게요.
Б: 현금인가요 아니면 카드인가요?
А: 신용카드로 할게요. 자, 여기 있습니다.
Б: 감사합니다. 또 오세요!

*격식체 회화

### Думи

**колко** 얼마

**струва** ~만큼의 가치가 있다

단 **лев** – 복 **лева**
레프/레바 (lev – leva)*

단 **стотинка** – 복 **стотинки**
쓰또띤까/쓰또띤끼
(stontinka – stotinki)*
*불가리아 화폐 단위

[**скъп – скъпа – скъпо – скъпи**]
비싼, 고가의

**искам** 원하다

[**евтин – евтина – евтино – евтини**]
싼, 저렴한

**ще** ~할 것이다 (will)

복 **вземам** / 완 **взема**
가져가다 (take)

**в брой** 현금, 현금으로

**или** 또는 (or)

**с / със** ~와 같이, 함께

**карта** 카드, 지도

**кредитна** 신용

**ето** 자, 여기

**Заповядайте.**
여기 있습니다. / 어서 오세요.
(Here you are. / Welcome.) (격식)

**пак** 또, 다시

## Изрази 🎧 8-2

### ❶ 가격

질문

| Колко струва? | 얼마예요? |

응용 Колко струва / струват + 단수 명사 / 복수 명사?

답변

| Един (лев). | 1 레프입니다. |
| Два (лева) и петдесет (стотинки). | 2 레바 50 쓰또띤끼입니다. |

응용 (단수 명사 / 복수 명사) + струва / струват ~.   가격은 ~입니다.

**цена** 가격

○ лев → лева
  = 남성 명사의 가산 복수형
  стотика → стотинки
  = 여성 명사의 일반 복수형
*남성 명사의 가산 복수형:
  8강 p.85~86 참고

〈동사 활용〉

| 주격 인칭대명사 | 동사 | 3식 ~만큼의 가치가 있다 |
|---|---|---|
| аз | | струвам |
| ти | | струваш |
| той / тя / то | | струва |
| ние | | струваме |
| вие / Вие | | струвате |
| те | | струват |

〈주요 화폐 단위〉

| 레프<br>(lev / BGN) | 유로<br>(euro / EUR) | 달러<br>(dollar / USD) | 원<br>(won / KRW) |
|---|---|---|---|
| лев (лв.) | евро (€) | долар ($) | вон (₩) |

| 불가리아 화폐 단위 | 불가리아 보조 화폐 단위 |
|---|---|
| лев | стотинка |
| 1 лев = 100 стотинки ||

## УРОК 08

| един | лев | една | стотинка |
|---|---|---|---|
| два ... | лева | две ... | стотинки |

**축약형 및 단위**
лв. (1, 2, 5, 10, 20, 50, 100... ) /
ст. (1, 2, 5, 10, 20, 50)
*남성 명사의 가산 복수형:
 8강 p.85~86 참고

| 관련 표현 |

| Евтино е. | 싸네요. / 저렴하네요. |
|---|---|
| Скъпо е. | 비싸네요. / 고가네요. |

| Платено е. | 유료입니다. |
|---|---|
| Безплатно е. | 무료입니다. |

[евтин – евитна – евтино – евтини]
싼, 저렴한 (cheap)

[скъп – скъпа – скъпо – скъпи]
비싼, 고가의 (expensive)

[платен – платена – платено – платени]
유료의

[безплатен – безплатна – безплатно – безплатни]
무료의, 공짜의
→ без ~없이

〔질문〕

| Искате ли ............? | 격식 ~를 원하세요? / ~를 드릴까요? |
|---|---|

응용 Искате ли да ~?    ~하는 것을 원하시나요?

〔답변〕

| Искам ............. | ~를 원해요. |
|---|---|
| Не искам ............. | ~를 원하지 않아요. |

응용 (Не) искам да ~.    ~하는 것을 원해요. / 원하지 않아요.

Бих искал/искала (да) ~. ~하고 싶습니다. (~하기를) 바랍니다. (I would like (to)~) (남/여)

◦бих (I would) → [бих, би, би, бихме, бихте, биха]
◦искам의 분사 형태 →
 [искал - искала - искало - искали]

〈동사 활용〉

| 주격 인칭대명사 \ 동사 | 3식<br>원하다<br>(want) |
|---|---|
| аз | искам |
| ти | искаш |
| той / тя / то | иска |
| ние | искаме |
| вие / Вие | искате |
| те | искат |

ще  ~할 것이다 (will)

불 вземам / 완 взема
가져가다, ~에 타다 (take)

◦ще + взема = 미래시제 조동사 + 완료형 일반동사
*미래시제: 17강 p.180 참고

| Ще взема това. | 이걸로 할게요. |
|---|---|

## ② 계산

**[질문]**

| В брой или с карта? | 현금 아니면 카드 어떤 걸로 하시겠어요? |

**[답변]**

| В брой, моля. | 현금으로 할게요. |
| С карта, моля. | 카드로 할게요. |

**응용** С кредитна / дебитна карта, моля.   신용 / 체크 카드로 할게요.

**[참고]**

| с / със   ~와 같이, ~와 함께 (with) |

със + [с/з로 시작하는 단어]

**예** с учител   선생님과 함께   със студент   대학생과 함께   със захар   설탕과 함께

| 관련 단어 |

〈돈〉 **пари**

| (пари) в брой | 현금 | каса | 계산대 |
|---|---|---|---|
| ресто | 잔돈 | сметка | 계산서 |
| кредитна карта | 신용카드 | разписка | 영수증 |
| дебитна карта | 체크카드 | разпродажба | 세일 |
| портфейл / портмоне | 지갑 | отстъпка / намаление | 할인 / 인하 |

**разпродажба на + 대상 품목**
~세일

**разпродажба / отстъпка (отстъпки) / намаление + до + 할인율(%)**
~까지 세일 / 할인 / 인하

УРОК 08

| 관련 표현 |

| Ето. | 자, 여기요. (Here it is.) |
|---|---|

응용 Ето, рестото.　　　　　　　　　　　　자, 여기 잔돈이요.

○ресто + то
= 중성 명사 + 관사
*관사: 11강 p.110~111 참고

| Заповядайте! | 격식 여기 있습니다! / 어서 오세요! / 들어오세요! 등 |
|---|---|
| Заповядай! | 비격식 여기 있어! / 어서 와! / 들어와! 등 |

'Заповядайте! / Заповядай!'는 상황이나 문맥에 따라 다양하게 해석할 수 있는 표현이다.

응용 Ето, заповядайте!　　　　　　　　　자 여기 있습니다!

응용 Пак заповядайте! = Заповядайте пак!　　또 오세요!

| Сметката, моля? | 계산서 좀 주시겠어요? |
|---|---|

○сметка + та
= 여성 명사 + 관사
*관사: 11강 p.110~111 참고

| Аз черпя. | 제가 대접할게요. / 계산할게요. |
|---|---|

черпя 대접하다

## Граматика

● 남성 명사의 가산 복수형

| 남성 명사 | 여성 명사 | 중성 명사 |
|---|---|---|
| 일반 복수형 | 일반 복수형 | 일반 복수형 |
| 사물 가산 복수형 | | |
| 사람 가산 복수형 | | |

### (1) 사물 가산 복수형
여기서 사물이란, 인간이 아닌 모든 남성 명사를 일컫는다.

**예** лев 레프  молив 연필  стол 의자  месец 월, 달  въпрос 질문

| 사물 가산 복수형 ||
|---|---|
| колко / няколко / толкова | + 사물 남성 명사 + а / + я |
| един 제외한 숫자 | |

**колко** 얼마나
**няколко** 몇몇의
**толкова** 그만큼(많이)

Колко молива имате?  연필을 얼마나 가지고 있나요?

Имам няколко молива.  연필을 몇 자루 가지고 있어요.

Моля, дайте ми 20 химикалки и също толкова молива.
볼펜 스무 개랑 연필도 그만큼 주세요.

И два молива, моля.  그리고 연필 두 자루도요.

🔍 주의

대부분의 남성 명사는 + а의 가산 복수형을 가지지만 다음의 경우는 + я의 형태를 가진다.

① 마지막 음절이 -й로 끝나는 남성 명사

| -й 제거 → + я | чай → чая 차 (tea)   музей → музея 박물관<br>трамвай → трамвая 트램   край → края 끝<br>случай → случая 경우 |
|---|---|

② 특정 남성 명사

| + я | път → пътя 길   сън → съня 잘 때 꾸는 꿈   огън → огъня 불<br>кон → коня 말 (horse)   лакът → лакътя 팔꿈치<br>нокът → нокътя 손·발톱 |
|---|---|

### (2) 사람 가산 복수형

여기서 사람이란, 사람을 직·간접적으로 지칭하는 모든 남성 명사를 일컫는다.

예 човек 사람   ученик 학생   учител 선생님   приятел 친구

<table>
<tr><td colspan="3" align="center">사람 가산 복수형</td></tr>
<tr><td rowspan="3">един<br>제외한<br>숫자</td><td colspan="2" align="center">колко / няколко / толкова</td><td rowspan="3">+ души / 사람<br>남성 명사 일반 복수형</td></tr>
<tr><td>'2, 3, 4, 5, 6'로 끝나는 숫자<br>(-два, -три, -четири, -пети, -шести)</td><td rowspan="2">+ ма</td></tr>
<tr><td>'7, 8, 9, 0, 1'로 끝나는 숫자<br>(-седем, -осем, -девет, -десет, -един)</td></tr>
</table>

**주의**

숫자 12부터 16까지(дванадесет ~ шестнадесет)는 -десет으로 끝나는 형태이므로 가산 복수형 + ма 없이 바로 일반 복수형을 사용한다.

**참고**

직접 사람을 지칭하는 단어는 특별한 형태를 갖는다.

| 인원수 | 명칭 |
|---|---|
| един | човек |
| два ~ / колко / няколко / толкова | души |
| много | хора |

Тук има един човек.　　　　　　　　　　한 사람이 있어.
Колко души има?　　　　　　　　　　　몇 명 있어?
Там има няколко души.　　　　　　　　저기에 몇 명이 있어.
Толкова души има тук.　　　　　　　　너무나도 많은 사람들이 여기 있습니다.
Има двама / петима / дванадесет души.　2명 / 5명 / 12명이 있어요.
Има много хора.　　　　　　　　　　　많은 사람들이 있어요.

단 **човек**
① 사람(person)
　복 **хора** 사람들(people)
② 인간(human)
　→ 복 **човеци**
　인간들(humans)

**души** (몇) 명(people)

Колко струва?

## Упражнения

**1** 다음을 작문하시오.

1 이거 얼마인가요? (How much is this?)

→ _____

2 전부 얼마죠? (How much is it all?)

→ _____

3 이 안경 얼마예요? (How much are these glasses?)

→ _____

**очи** 눈(eyes)
**очила** 안경(glasses)

**2** 다음 빈칸에 알맞은 단어를 기입하시오.

| 돈 | 가격 |
|---|---|
|   |   |

**3** 다음을 바르게 표기한 것을 고르시오.

| 1.20 лв. | 2.50 лв. | 19.99 лв. |
|---|---|---|

① 1 лев и 20 стотика – 2 лев и 50 стотики – 19 лева и 99 стотинки

② 1 лев и 20 стотики – 2 лев и 50 стотики – 19 лева и 99 стотинки

③ 1 лев и 20 стотики – 2 лева и 50 стотики – 19 лева и 99 стотинки

④ 1 лева и 20 стотики – 2 лева и 50 стотики – 19 лева и 99 стотинки

УРОК 08

### 4 다음 빈칸에 들어갈 알맞은 단어를 기입하시오.

1  Много е _____.            매우 저렴해요.

2  Твърде е _____.           너무 비싸요.

3  _____ ли е?               이거 무료인가요?

4  _____!                    어서오세요! (격식)

5  _____, рестото.           자, 여기 잔돈이요.

### 5 다음 빈칸에 들어갈 알맞은 단어를 기입하고 답변을 작문하시오.

1  А: Колко _____ имате?     연필 몇 자루 가지고 계세요?

   Б: _____.                 저는 연필 한 자루를 가지고 있어요.

   Б: _____.                 그는 연필 두 자루를 가지고 있어요.

   Б: _____.                 우리는 연필 몇 자루를 가지고 있어요.

   Б: _____.                 그들은 연필을 많이 가지고 있어요.

2  А: Колко _____ искате?    차 (tea) 몇 잔 드릴까요?

   Б: _____.                 저는 차 한 잔을 원해요.

   Б: _____.                 그녀는 차 두 잔을 원해요.

   Б: _____.                 우리는 차 몇 잔을 원해요.

   Б: _____.                 그들은 차를 많이 원해요.

3  А: Колко _____ искате?    책 몇 권 드릴까요?

   Б: _____, моля.           책 한 권 주세요. (격식)

   Б: _____, моля.           책 두 권 주세요. (격식)

   Б: _____, моля.           책 몇 권 주세요. (격식)

   Б: _____, моля.           책 많이 주세요. (격식)

**4** А: Колко _____ искате?   커피 몇 잔 드릴까요?

Б: Моля, _____.   커피 한 잔 주세요. (격식)

Б: Моля, _____.   커피 두 잔 주세요. (격식)

Б: Моля, _____.   커피 몇 잔 주세요. (격식)

Б: Моля, _____.   커피 많이 주세요. (격식)

**5** А: Колко _____ има тук?   여기 몇 명 있나요?

Б: _____.   한 명 있어요.

Б: _____.   두 명 있어요.

Б: _____.   몇 명 있어요.

Б: _____.   여러 명이 있어요.

# УРОК 09

시각과 시간   몇 시인가요?

# Колко е часът?

## Диалог  🎧 9-1

А: Колко е часът сега?
Б: Един и пет.
А: Закъснявам. Имам лекции!
Б: В колко часа̀ започват?
А: В един.
Б: Какво? Няма време. Побързай!
А: А ти нямаш ли лекции?
Б: След час имам.
А: От два часа̀? Добре, до скоро!

**Думи**

**час** 시간
**часъ̀т / часа̀** 시, 시각
**сега** 지금, 현재
단 **минута** –
복 **минути** 분
불 **закъснявам** /
완 **закъснея** 늦다
단 **лекция** –
복 **лекции**
수업
불 **започвам** /
완 **започна** 시작하다
**време** 시간, 날씨, 시제
**Побързай.**
서둘러.(비격식)
**след** ~이후에, 뒤에

А: 지금 몇 시야?
Б: 1시 5분이야.
А: 나 늦었다. 수업 있는데!
Б: 몇 시에 시작하는데?
А: 1시에.
Б: 뭐? 시간 없어. 서둘러!
А: 너는 수업 없어?
Б: 1시간 뒤에 있어.
А: 2시부터? 알았어, 이따 봐!

*비격식체 회화

Колко е часът?

## Изрази 🎧 9-2

**1** 시각

○час + ът
  = 남성 명사 + 주격 관사
*관사: 11강 p.110~111 참고

○час + а
  = 남성 명사 + 비주격 관사
*관사: 11강 p.110~111 참고

○축약형 час = ч.

[질문]

| Колко е часът? | 몇 시인가요? |

[답변]

| Един (часà). | 1시입니다. |
| Два (часà) и десет (минути). | 2시 10분입니다. |

응용 Сега е ~.   지금은 ~입니다.
응용 (Сега) часът е ~.   (현재) 시각은 ~입니다.

○часъ̀т / часà = 주격 / 비주격
  (단수, 복수 ✗)

| 관련 단어 |

| 시<br>(o'clock) | 분<br>(minute – minutes) | 초<br>(second - seconds) |
|---|---|---|
| часъ̀т / часà | 단 минута — 복 минути | 단 секунда — 복 секунди |

참고 💡

| 시각 표기 방법 |

○нощ + та
  = 여성 명사 + 관사
  сутрин + та
  = 여성 명사 + 관사
  вечер + та
  = 여성 명사 + 관사
*관사: 11강 p.110~111 참고

| два (часа) и десет (минути) | 2:10 ч.(часа)<br>14:10 ч.(часа) | 2.10 ч.(часа)<br>14.10 ч.(часа) |

| 밤 / 아침 ~시 | 낮 / 저녁 ~시 |
|---|---|
| ~시 + през нощта / сутринта | ~시 + следобед / вечерта |

## УРОК 09

> 참고 💡
> 
> 시각은 긴 숫자를 사용해야 하는 경우가 많기 때문에 간편하게 말할 수 있는 형태가 존재한다.

| ~분 전 (-)<br>(without) | 정각 / 반<br>(exactly / and half) | ~분 (+)<br>(and) |
|---|---|---|
| без | точно / и половина | и |

○ 30 минути = половин час
30분 = 반 시간

Часът е точно три. = Точно три.
3시 정각입니다.

Четири и тридесет = Четири и половина
4시 30분 = 4시 반

Пет и четиридесет и пет = Шест без петнайсет
5시 45분 = 6시 15분 전

**без** ~없이

Шест и петдест = Седем без десет
6시 50분 = 7시 10분 전

Седем и петдесет и пет = Осем без пет
7시 55분 = 8시 5분 전

| 관련 표현 |

| Закъснявам. | 늦었어요. |
|---|---|
| Побързайте! | 격식 서두르세요! |
| Побързай! | 비격식 서둘러! |

불 **закъснявам** /
완 **закъснея** 늦다

불 **побързвам** /
완 **побързам** 서두르다

Колко е часът?

## Граматика

● 시간과 시각의 비교

⟨추상적인 의미의 시간⟩

| време | 시간 |
|---|---|

**време** ① 시간(time) → 추상적인 시간의 흐름 ② 날씨(weather) ③ 시제(tense)

⟨구체적인 의미의 시간⟩

| час | 시간 |
|---|---|
| 1시<br>(one o'clock)<br>един часа̀ | 1시간<br>(one hour)<br>един час |
| 2시 ~<br>(two o'clock)<br>два часа̀ ~ | 2시간 ~<br>(two hour)<br>два ча̀са ~ |

**час** ① 시각(time) → часа̀
② 시간(hour) →
가산 복수형 ча̀са /
일반 복수형 часовѐ (hours)

**часовник** 시계

① 시각 = 셀 수 있는 개념 X, 각각 구체적으로 정해진 순간 O

| 1시 | 2시 | 3시 |
|---|---|---|
| един часа̀ | два часа̀ | три часа̀ |

→ 남성 명사 주격 / 비주격 관사 + ът / + а 사용

*관사: 11강 p.110~111 참고

② 시간 = 셀 수 있는 개념 O

| 1시간 | 2시간 | 3시간 |
|---|---|---|
| (един) час | два ча̀са | три ча̀са |

→ един 제외한 숫자 + 남성 명사 가산 복수형(+ а) 사용

УРОК 09

# Изрази

## ② 시각 표현

질문

| В колко часа̀ започва? | 몇 시에 시작해요? |

응용 Кога започва?　　　　　언제 시작하나요?

답변

| Започва в един и завършва в два. | 1시에 시작해서 2시에 끝납니다. |

응용 Започва и завършва навреме.　　정시에 시작하고 끝납니다.
응용 Започва рано и завършва късно.　　일찍 시작해서 늦게 끝납니다.

참고 💡

| ~시에 | в + ~시 |
|---|---|
| ~시부터 ~시까지 | от + ~시 до + ~시 |
| ~시와 ~시 사이에 | между + ~시 и + ~시 |

**навреме**
정시에, 제시간에 (on time)

**рано** 일찍

**по-рано** 이전에, 더 일찍

**късно** 늦게

**по-късно**
~후에, 더 늦게

*비교급과 최상급: 14강 **p.142** 참고

〈동사 활용 (불완료형 / 완료형)〉

| 주격<br>인칭대명사 \ 동사 | 3식 / 1식<br>시작하다 | 3식 / 2식<br>끝나다, 졸업하다 | 3식 / 2식<br>끝나다, 완료하다 |
|---|---|---|---|
| аз | започвам /<br>започна | завършвам /<br>завърша | свършвам /<br>свърша |
| ти | започваш /<br>започнеш | завършваш /<br>завършиш | свършваш /<br>свършиш |
| той / тя / то | започва /<br>започне | завършва /<br>завърши | свършва /<br>свърши |
| ние | започваме /<br>започнем | завършваме /<br>завършим | свършваме /<br>свършим |
| Вие / вие | започвате /<br>започнете | завършвате /<br>завършите | свършвате /<br>свършите |
| те | започват /<br>започнат | завършват /<br>завършат | свършват /<br>свършат |

**❸ 시간 표현**

[질문]

| Колко време отнема? | 얼마나 걸리나요? |

[답변]

| (Един) час. | 1시간이요. |
| Два (чàса) и десет (минути). | 2시간 10분이요. |

**응용** Отнема + (един) час, два чàса ... много време.
1시간, 2시간... 많은 시간이 걸립니다.

● един час = час
1시간 (one hour = an hour)

**참고** 💡

| 시간 표기 방법 |

| два (часа) и десет (минути) | 2.10 ч.(часа) |

| ~시 / 시간 전에 | ~시 / 시간 후에 |
|---|---|
| преди + ~시 / 시간 | след + ~시 / 시간 |

| 대략 ~시 / 시간 | ~시간 동안 | ~시간씩 |
|---|---|---|
| около + ~시 / 시간 | за + ~시간 | по + ~시간 |

〈동사 활용 (불완료형 / 완료형)〉

| 주격 인칭대명사 \ 동사 | 3식 / 1식 ~를 빼앗다 |
|---|---|
| аз | отнемам / отнема |
| ти | отнемаш / отнемеш |
| той / тя / то | отнема / отнеме |
| ние | отнемаме / отнемем |
| Вие / вие | отнемате / отнемете |
| те | отнемат / отнемат |

УРОК 09

## Упражнения

**1** 다음을 작문하시오.

1. 몇 시인가요? (What time is it?)
   → _____

2. 이 수업은 몇 시에 시작하고 끝나요? (What time does this lecture start and finish?)
   → _____

3. 얼마나 걸리나요? (How long does it take?)
   → _____

**2** 다음 빈칸에 들어갈 알맞은 단어를 기입하시오.

> 30 минути = _____ 반 시간

**3** 다음의 시각을 불가리아어로 기입하시오. (시와 분은 생략할 것)

1. 1시 정각 → _____
2. 2시 5분 → _____
3. 3시 20분 → _____
4. 4시 반 → _____
5. 5시 35분 → _____
6. 6시 40분 → _____
7. 7시 15분 전 → _____
8. 8시 50분 → _____
9. 9시 55분 → _____
10. 10시 10분 전 → _____
11. 11시 11분 → _____
12. 12시 12분 → _____

Колко е часът?

**4** 다음 중 'време'의 뜻을 모두 고르시오.

① 날씨　　② 계절　　③ 시간　　④ 정각

⑤ 시제　　⑥ 삼십분　⑦ 반　　⑧ 지금

**5** 다음 빈칸에 알맞은 단어를 기입하시오.

[работен – работна –
работно – работни]
일하는

[почивен – почивна –
почивно – почивни]
쉬는

[денонощен –
денонощна –
денонощно –
денонощни]
24시간 내내 (24/7), 연중무휴의

| работно време | | 운영 시간 |
|---|---|---|
| _____ 9 ч. _____ 6.30 ч. | | 9시부터 6시 반까지 |
| — _____ почивен ден — | | - 쉬는 날 없이 - |

| денонощен магазин | | 24시간 가게 |
|---|---|---|
| — _____ 24 часа — | | - 24시간 동안 - |

**6** 다음 단어의 의미를 바르게 연결하시오.

1　след　　　　　　　(a) 사이에

2　преди　　　　　　(b) 그리고

3　между　　　　　　(c) 대략

4　и　　　　　　　　(d) ~에

5　в　　　　　　　　(e) 정시에

6　около　　　　　　(f) ~없이

7　навреме　　　　　(g) 일찍

8　късно　　　　　　(h) ~이전에

9　рано　　　　　　(i) 늦게

10　без　　　　　　　(j) ~후에

97

# УРОК 10

날짜와 기념일 　오늘이 며칠인가요?

# Коя дата е днес?

## Диалог　🎧 10-1

А: Коя дата е днес?
Б: Днес е първи януари и Петър има рожден ден.
А: Петре, наистина ли?
Б: Да, роде́н съм на първи януари.
А: Честита Нова година и честит рожден ден!
Б: Благодаря. А ти кога си роде́на?
А: Аз имам рожден ден тази неделя - след два дена.

А: 오늘 며칠이지?
Б: 오늘은 1월 1일이자 뻬떠르의 생일이지.
А: 뻬떠르야, 정말이야?
B: 응, 1월 1일이 내 생일이야.
А: 새해 복 많이 받고 생일 축하해!
B: 고마워. 너는 생일이 언제야?
А: 나는 이틀 뒤 이번 주 일요일이 생일이야.

*비격식체 회화

### Думи

[кой – коя – кое – кои] 어떤

[단] дата – [복] дати 날짜

днес 오늘

първи
첫 번째, 1일(first / 1st)

януари 1월

[단] ден – [복] дни
날, 일, 하루

два дена(дни)
이틀
*남성 명사의 가산 복수형
8강 p.85~86 참고

[роде́н – роде́на – роде́но – роде́ни]
태어난

[честит – честита – честито – честити]
축하하는

[нов – нова – ново – нови] 새로운

година – години
연도

Нова година 새해

[рожден – рождена – рождено – рождени]
출생의

рожден ден 생일

кога 언제

неделя 일요일

## Изрази 🎧 10-2

### 1 요일

| 질문 |
|---|
| Кой ден е днес? |

오늘 무슨 요일이에요?

| 답변 |
|---|
| Днес е понеделник. |

오늘은 월요일입니다.

● 의문사 [кой - коя - кое - кои] 단독 사용 → 누구 (who)
의문사 [кой - коя - кое - кои] + 명사 → 어떤 (which)

| 관련 단어 |

| 그저께 | 어제 | 오늘 | 내일 | 내일 모레 |
|---|---|---|---|---|
| завчера | вчера | днес | утре | вдругиден |

| 요일<br>(day – days) | 주<br>(week) | 주중<br>(weekday) | 주말<br>(weekend) |
|---|---|---|---|
| 단 ден - 복 дни | седмица | делник | уикенд |

| 월 | 화 | 수 | 목 | 금 | 토 | 일 |
|---|---|---|---|---|---|---|
| понеделник | вторник | сряда | четвъртък | петък | събота | неделя |

● 요일 표기 시, 문장의 첫 글자를 제외하고 모두 소문자로 표기한다.

참고 💡

| 월, 수, 목, 금, 토, 일요일에 | в + | понеделник / сряда / четвъртък / петък / събота / неделя |
|---|---|---|
| 화요일에 | във + | вторник |

| втори 두 번째 | → | 두 번째 날 | → | вторник 화요일 |
|---|---|---|---|---|
| сряда 중간 | → | 주중의 중간 날 | → | сряда 수요일 |
| четвърти 네 번째 | → | 네 번째 날 | → | четвъртък 목요일 |
| пети 다섯 번째 | → | 다섯 번째 날 | → | петък 금요일 |

## УРОК 10

### ❷ 월

**질문**

| Кой месец е сега? | 지금 몇 월인가요? |

**답변**

| Сега е януари. | 지금은 1월입니다. |

⟨월, 달⟩ 단 **месец** – 복 **месеци** (month – months)

| 1월 (January) | януари | 7월 (July) | юли |
| 2월 (February) | февруари | 8월 (August) | август |
| 3월 (March) | март | 9월 (September) | септември |
| 4월 (April) | април | 10월 (October) | октомври |
| 5월 (May) | май | 11월 (November) | ноември |
| 6월 (June) | юни | 12월 (December) | декември |

✱ 월 표기 시, 문장의 첫 글자를 제외하고 모두 소문자로 표기한다.
януари ~ декември
1월 ~ 12월 → 예외 남성 명사

**참고**

| ~월에 | през + 월 |

**през** ~동안에(during)

### ❸ 연도

**질문**

| Коя година е сега? | 지금 몇 년도인가요? |

**답변**

| Сега е 2022 г.<br>= Сега е две хиляди двадесет(двайсет) и втора година. | 지금은 2022년도입니다. |

✱ 연도 → 서수 사용
(първа, втора, трета, четвърта 등)
연수 → 기수 사용
(една, две, три, четири 등)
\*축약형 година = г.

**참고**

| ~년도에 | през ~ година |
| ~년 동안 | за една година / за две ~ години |

Коя дата е днес?

### | 나이를 묻고 답하는 표현 |

질문

| На колко години сте? | 격식 나이가 어떻게 되세요? |

답변

| Аз съм на _____. <br> = На _____. | 저는 ~살입니다. |

**възраст** 나이, 연령(age)

단 **година** – 복 **години**
(몇) 년, (몇) 살, (몇) 세
(year – years)

❖나이 → 기수 사용
 една година 한 살
 две години 두 살
 двадесет (двайсет) и
 една години 스물 한 살

❖날짜(일) → 서수 사용
 понеделник, 1-ви
 януари 2022 г.
 → [일-월-연도] 순서로 표기

## ❹ 날짜

질문

| Коя дата е днес? | 오늘 며칠이에요? |

답변

| Днес е първи януари. | 오늘은 1월 1일입니다. |

### | 날짜 표기 방법 |

| първи януари 2022 година | 1-ви януари 2022 г. | 1 януари 22 г. |

| 지난주 / 작년 | 이번 주 / 올해 | 다음주 / 내년 |
|---|---|---|
| миналата + седмица / година | тази + седмица / година | следващата + седмица / година |
| 지난달 | 이번 달 | 다음달 |
| миналият / миналия + месец | този + месец | следващият / следващия + месец |

**[минал – минала – минало – минали]**
지난(past, last)

**[следващ – следваща – следващо – следващи]**
다음(next, coming, following)

❖минала / следваща + та
 = 여성 형용사 + 관사

❖минал / следващ + ият / ия = 남성 형용사 + 주격 / 비주격관사

*관사: 11강 p.110~111 참고

УРОК 10

### ⑤ 생일

**[질문]**

| 남 | Кога сте роден? |
| 여 | Кога сте родена? |

격식 생일이 언제인가요?
언제 태어났어요?

**[답변]**

| 남 | Аз съм роден на ＿＿＿.<br>= Роден съм на ＿＿＿. |
| 여 | Аз съм родена на ＿＿＿.<br>= Родена съм на ＿＿＿. |

~월 ~일이 생일이에요.
~월 ~일에 태어났어요.

응용 Роден / Родена съм през + 월 / 연도.　~월 / ~년도에 태어났어요.
응용 Имам рожден ден на ~.　~월 ~일이 생일이에요.

| 관련 표현 |

| Честито! | Честито! |
|---|---|
| 축하합니다! | |

| Честит + 남성 명사 | Честита + 여성 명사 | Честито + 중성 명사 |
|---|---|---|
| Честит рожден ден!<br>생일 축하해! | Честита Коледа!<br>(= Весела Коледа!)<br>메리 크리스마스! | Честито завършване!<br>졸업 축하해! |

참고

| 불가리아의 주요 휴일 및 기념일 |

단 **Български празник** – 복 **празници** (Bulgarian holiday – holidays)

| 1월 1일 | Нова година | 새해 |
|---|---|---|
| 3월 1일 | Баба марта | 바바 마르따 |
| 3월 3일 | Ден на Освобождението на България от османско иго | 해방 기념일 |
| 약 4~5월 | Великден | 정교회 부활절 |
| 5월 1일 | Ден на труда и на международната работническа солидарност | 노동의 날 |

---

**рожден ден**
생일 (birthday)

**[роден – родена – родено – родени]**
태어난 (born)

**рождена дата**
생년월일 (date of birth)

**[рожден – рождена – рождено – рождени]**
출생의 (birth)

**[роден – родна – родно – родни]**
혈연의, 모국의, 고향의
(someone's own, native, home)

**празнувам**
기념하다, 축하하다 (celebrate)

| | | |
|---|---|---|
| 5월 6일 | Гергьовден | 성 게오르기의 날 |
| | Ден на храбростта и Българската армия | 국군의 날 |
| 5월 24일 | Ден на българската просвета и култура и на славянската писменост | 슬라브 문자 창제의 날 |
| 9월 6일 | Ден на Съединение на България | 통일 기념일 |
| 9월 22일 | Ден на независимостта на България | 독립 기념일 |
| 11월 1일 | Ден на народните будители | 민족 계몽의 날 |
| 12월 6일 | Никулден | 성 니콜라이의 날 |
| 12월 24일 | Бъдни вечер | 크리스마스 이브 |
| 12월 25일 12월 26일 | Коледа (Рождество Христово) | 크리스마스 (성탄절) |

### 참고

**Баба марта** (바바 마르따)는 봄의 도래를 축하하며 한 해의 건강과 행복을 기원하는 기념일입니다. 불가리아인들은 흰색 실과 빨간색 실로 엮은 **мартеница** (마르테니짜)를 선물로 주고받으며 이를 3월 동안 손목에 걸거나 몸에 지닙니다. 황새, 제비와 같은 철새를 보거나 나무에서 새순이 돋아나는 것을 보면 마르테니짜를 나뭇가지에 걸어 놓습니다. 바바 마르따는 '마르따 할머니' 또는 '3월의 할머니'라는 뜻으로, 봄의 변덕스러운 날씨가 그녀의 성격과 닮아있기 때문이라는 이야기가 전해져 내려옵니다.

УРОК 10

## Упражнения

**1** 다음을 작문하고 빈칸에 알맞은 단어를 기입하시오.

오늘 무슨 요일인가요? (What day is it today?)

→ _____

| 어제 | 오늘 | 내일 |
|---|---|---|
|  |  |  |

| 월요일 |  |
|---|---|
| 화요일 |  |
| 수요일 |  |
| 목요일 |  |
| 금요일 |  |
| 토요일 |  |
| 일요일 |  |

② 다음 빈칸에 공통으로 들어가는 단어를 고르시오.

> - _____ 1-ви март е Баба марта.
> - Ден _____ Освобождението _____ България.
> - Аз съм родѐн _____ 2-ри март.
> - _____ колко години сте?
> - Аз съм _____ 21 години.

① в / във      ② с / със      ③ на      ④ за
⑤ да      ⑥ по      ⑦ но      ⑧ а
⑨ и      ⑩ от

③ 다음 중 '나이'라는 뜻을 가진 단어를 고르시오.

① възрастен      ② възрастни      ③ година      ④ родина
⑤ възрастна      ⑥ възраст      ⑦ вечност

④ 다음 단어의 의미를 바르게 연결하시오.

1 завчера      (a) 주
2 месец      (b) 월
3 седмица      (c) 그저께
4 вдругиден      (d) 내일 모레

УРОК 10

**5** 다음을 작문하고 빈칸에 알맞은 단어를 기입하시오.

1  오늘 며칠인가요? (What's the date today?)

   → _____

2  1월에는 새해가 있고 12월에는 크리스마스가 있다.
   (There is a New Year in January and Christmas in December.)

   → _____

**Коледа** 크리스마스

| | |
|---|---|
| 1월 1일 | |
| 2월 2일 | |
| 3월 3일 | |
| 4월 4일 | |
| 5월 5일 | |
| 6월 6일 | |
| 7월 7일 | |
| 8월 8일 | |
| 9월 9일 | |
| 10월 10일 | |
| 11월 11일 | |
| 12월 12일 | |

**6** 다음 빈칸에 알맞은 단어를 기입하고 작문하시오.

| 생일 | 생일 축하합니다! |
|---|---|
|  |  |

1. 당신의 생일은 언제인가요? (When is your birthday?)

   → _____ (남) / (격식)

2. 저는 10월 31일생입니다. (I was born on October 31st.)

   → _____ (여)

3. 그는 8월에 한국에서 태어났습니다. (He was born in August in South Korea.)

   → _____

4. 그녀는 1992년생입니다. (She was born in 1992.)

   → _____

# УРОК 11

장소와 위치  실례합니다만, 화장실이 어딘가요?

# Извинете, къде е тоалетната?

## Диалог  🎧 11-1

А: Извинете, къде е тоалетната?
Б: Ето тоалетната.
А: Благодаря. И търся офиса на господин Иванов. Знаете ли къде е?
Б: Офисът е на втория етаж в тази сграда. Виждате ли коридора?
А: Да, онзи коридор?
Б: Да. Асансьорът се намира в края на коридора.
А: Много благодаря.

А: 실례합니다만, 화장실이 어딘가요?
Б: 여기 화장실이 있어요.
А: 감사합니다. 그리고 이바노프 씨 사무실도 찾고 있는데 어디에 있는지 아세요?
Б: 사무실은 이 건물 2층에 있어요. 복도 보이세요?
А: 네, 저 복도요?
Б: 맞아요. 엘리베이터는 그 복도 끝에 있습니다.
А: 정말 감사합니다.

*격식체 회화

### Думи

**къде** 어디
**тоалетна** 화장실
**търся** 찾다, 조사하다
**на** ~에, ~위에
**зная = знам** 알다
**офис** 사무실, 회사
**етаж** 층, 층수
**в / във** ~에, ~안에
**сграда** 건물
🔲 **виждам /**
🔲 **видя** 보다
**коридор** 복도
**асансьор** 엘리베이터
**намирам се /**
**се намеря** ~에 위치하다
**край** 끝, 마지막

Извинете, къде е тоалетната?

## Изрази  🎧 11-2

### ❶ 장소와 위치

질문

| Къде е офисът / музеят / тоалетната / кафето? | 회사 / 박물관 / 화장실 / 카페는 어디에 있나요? |
|---|---|
| Къде са студентите / децата? | 학생들 / 아이들은 어디에 있나요? |

офисът / музеят / тоалетната / кафето / студентите / децата
= 남성 / 남성 / 여성 / 중성 / 복수 / 복수 명사 + 주격 관사

답변

| Ето офиса / музея / тоалетната / кафето / студентите / децата. | 여기 회사 / 박물관 / 화장실 / 카페 / 학생들 / 아이들이 있어요. |
|---|---|

офиса / музея / тоалетната / кафето / студентите / децата
= 남성 / 남성 / 여성 / 중성 / 복수 / 복수 명사 + 비주격 관사

응용 Ето го / го / я / го / ги / ги (там). (저기) ~ 가 있습니다.

*목적격 인칭대명사: 15강 p.152 참고

참고 💡

관사는 영어의 the와 유사한 역할을 하며 해당 대상이 구체적이고 한정적일 때 사용한다. 명사 또는 형용사의 어미와 결합하여 수식하기 때문에 후치 정관사라고 불리기도 하며, 주격 자리에 쓰이는 주격 관사와 주격이 아닌 자리에 쓰이는 비주격 관사가 존재한다.

| 관사를 사용하는 경우 | 관사를 사용하지 않는 경우 |
|---|---|
| - 세상에서 유일한 대상일 때<br>- 한정된 대상일 때<br>- 이미 언급됐거나 반복될 때<br>- 상황이나 문맥상 모두 아는 대상일 때 | - 인명, 지명, 국명 등 고유명사일 때<br>- 기수와 결합할 때<br>- 지시대명사와 결합할 때<br>- 일반동사 имам / нямам와 결합할 때<br>- 일부 가족 관련 명사와 소유격 관련 단어미형이 결합할 때 등 |

УРОК 11

# Граматика

● 관사

### (1) 명사의 관사

| 격 \ 성 | 남성 관사 | | 여성 관사 | 중성 관사 | 복수 관사 |
|---|---|---|---|---|---|
| 주격 | -ът | -ят | -та | -то | -те / -та |
| 비주격 | -а | -я | | | |

〈남성 관사 구분법〉

| -ът / -а | 대부분의 남성 명사 |
|---|---|
| -ят / -я | ① -й로 끝나는 남성 명사* |
| | ② -тел로 끝나면서 사람 및 직업을 나타내는 남성 명사<br>приятел 친구   учител 선생님   преподавател 대학교·강사<br>служител 직원 |
| | ③ -ар로 끝나면서 사람 및 직업을 나타내는 남성 명사<br>лекар 의사   секретар 비서   цветар 플로리스트 |
| | ④ 특정 남성 명사<br>ден 하루   път 길   сън 잘 때 꾸는 꿈   огън 불   кон 말(horse)<br>лакът 팔꿈치   нокът 손·발톱   цар 황제   крал 왕<br>зет 사위, 매부, 형부, 제부 |

* -й로 끝나는 남성 명사에 한해서
   -й 제거 후 +ят 또는 +я 삽입

〈복수 관사 구분법〉

| -те | -и 또는 -е 로 끝나는 복수형 |
|---|---|
| -та | -а 또는 -я 로 끝나는 복수형 |

주의

| 예외 남성 명사 + 관사 | бащата 아버지   дядото 할아버지 |
|---|---|
| 예외 여성 명사 + 관사 | сутринта 아침   вечерта 저녁   нощта 밤<br>пролетта 봄   есента 가을 |
| 예외 중성 명사 + 관사 | таксито 택시   партито 파티   хобито 취미 |

Извинете, къде е тоалетната?

### (2) 형용사의 관사

| 격 \ 성 | 남성 관사 | 여성 관사 | 중성 관사 | 복수 관사 |
|---|---|---|---|---|
| 주격 | -ият | -та | -то | -те |
| 비주격 | -ия | | | |

형용사와 명사가 결합하는 경우, 관사는 가장 선행하는 형용사에만 추가된다.

автобусната спирка        버스 정류장

първата автобусна спирка        첫 번째 버스 정류장

\* -и로 끝나는 남성 형용사에 한해서 -и 제거 후 + ият 또는 + ия 삽입

**참고**

тук 여기(here)
там 저기(there)
оттук 여기서, 여기에서부터 (from here)
дотук 여기까지, 지금까지 (to here / so far)
оттам 거기서, 거기에서부터 (from there)
дотам 거기까지(until there)

〈장소〉 단 място – 복 места

| | | | |
|---|---|---|---|
| училище | 학교 | ресторант | 레스토랑 |
| университет | 대학교 | кафе | 카페 |
| библиотека | 도서관 | кино | 영화관 |
| сграда | 건물 | театър | 극장 |
| център | 시내, 도심 | музей | 박물관 |
| магазин | 상점, 가게 | банка | 은행 |
| пазар | 시장 | банкомат | 현금인출기 |
| супермаркет | 슈퍼마켓 | болница | 병원 |
| мол | 쇼핑몰 | аптека | 약국 |
| спирка | 정류장 | летище | 공항 |
| гара | 기차역 | посолство | 대사관 |
| метро станция | 지하철역 | офис | 회사, 사무실 |
| гише | 매표소 | стая | 방, ~실 |
| вход | 입구 | тоалетна / баня | 화장실 / 욕실 |
| изход | 출구 | асансьор | 엘리베이터 |
| коридор | 복도 | ескалатор | 에스컬레이터 |
| зала | 홀, 강당, 로비 | стълбище | 계단 |
| начално училище | 초등학교 | средно училище | 중학교 |
| гимназия | 고등학교 | университет | 대학교 |

## УРОК 11

# Изрази

### ❷ 찾기

| 질문 | |
|---|---|
| Какво търсите? | 격식 무엇을 찾으세요? |

| 답변 | |
|---|---|
| Търся _____. | ~를 찾고 있어요. |

〈동사 활용 (불완료형 / 완료형)〉

| 주격 인칭대명사 \ 동사 | 2식<br>찾고 있다, 찾아보다<br>(look for, search) | 3식 / 2식<br>찾다, 발견하다<br>(find) | 3식 / 2식<br>발견되다, 위치하다<br>(be found, be located) |
|---|---|---|---|
| аз | търся | намирам /<br>намеря | намирам се /<br>се намеря |
| ти | търсиш | намираш /<br>намериш | намираш се /<br>се намериш |
| той / тя / то | търси | намира /<br>намери | намира се /<br>се намери |
| ние | търсим | намираме /<br>намерим | намираме се /<br>се намерим |
| Вие / вие | търсите | намирате /<br>намерите | намирате се /<br>се намерите |
| те | търсят | намират /<br>намерят | намират се /<br>се намерят |

| 관련 표현 |

| 장소 + се намира _____. | ~에 위치하고 있습니다. (is located) |
|---|---|

| 관련 단어 |

| начало | среда | край |
|---|---|---|
| 처음 | 중간 | 끝 |

| в началото на ~ | в средата на ~ | в края на ~ |
|---|---|---|
| ~의 처음에 | ~의 중간에 | ~의 끝에 |

Извинете, къде е тоалетната?

〈위치 및 방향 표현〉

| в / във | на | над | под |
|---|---|---|---|
| ~에, ~안에<br>(in) | ~에, ~위에<br>(on) | ~보다 위에<br>(above) | ~보다 아래에<br>(under) |
| пред | зад | горе | долу |
| 앞에<br>(in front of) | 뒤에<br>(behind) | 위(층)에<br>(up, upstairs) | 아래(층)에<br>(down, downstairs) |
| до | около | между | в / на ъгъла на ~ |
| ~옆에<br>(to, next to) | ~주위에<br>(around) | ~사이에<br>(between) | ~의 모퉁이에<br>(in/on the corner of) |
| срещу | отсреща | вляво / наляво | вдясно / надясно |
| 맞은편에<br>(across from, opposite) | 건너편에<br>(on the opposite side) | 왼쪽에 / 왼쪽으로<br>(on/to the left) | 오른쪽에 / 오른쪽으로<br>(on/to the right) |

**ъгъл**
코너, 구석, 모퉁이(corner)

Аптеката е в / пред / зад / до / около / срещу болницата.
약국은 병원 안에 / 앞에 / 뒤에 / 옆에 / 주위에 / 맞은편에 있습니다.

Картината е на стената. / над масата. / горе вляво.
그림은 벽에 (붙어) 있습니다. / 테이블 위에 (떨어져) 있습니다. / 왼쪽 상단에 있습니다.

**стена** 벽(wall)

| 관련 표현 |

| Вървете / Върви _____. | 격식 (걼어서) 가세요. / 비격식 가. |
|---|---|
| Завийте / Завий _____. | 격식 (방향으로) 도세요. / 비격식 돌아. |

**вървя** 걸어가다(walk, go)

**⊕завивам / ⊕завия**
(방향을) 돌리다, 비틀다(turn)

**направо**
똑바로, 직진하는(straight)

Вървете направо и завийте наляво на ъгъла на улицата. Отсреща е киното между магазина и кафето.
직진하다가 길 모퉁이에서 왼쪽으로 도세요. 건너편에 상점과 카페 사이 영화관이 있습니다.

**улица** 길거리(street)

**⊕отивам / ⊕отида**
가다(go)

| на의 사용법 |

① 위치 및 장소를 나타낼 때

 Книгата е на масата.   책은 테이블 위에 있습니다.
 Отивам на кино.    나는 영화 보러 간다.
 На кой етаж има музей?  박물관은 몇 층에 있나요?
 Музеят е на първия етаж.  박물관은 1층에 있습니다.

**⊕идва / ⊕дойда**
오다(come)

✚ 층수 → 서수 사용
 първи + (и)я
 =남성 형용사+남성 비주격관사

## УРОК 11

② 소유를 나타낼 때

На кого е тази книга? = Чия е тази книга? 이 책은 누구의 것인가요?
Тази книга е на Петър. 이 책은 뻬떠르의 것입니다.

③ 수여를 나타낼 때

Искам да дам книгата на Петър. 나는 그 책을 뻬떠르에게 주고 싶다.

④ 나이 및 생일을 말할 때

На колко години сте? 나이가 어떻게 되세요?
Аз съм на 21 години. 저는 스물한 살입니다.
Аз съм роден / родена на 1-ви януари. 저는 1월 1일에 태어났어요. (남/여)

> ✚ кого 누구를, 누구에게 (whom)
> → на кого 누구의 (whose)
> [чий - чия - чие - чии]
> 누구의 (whose) → 소유자가 아닌 소유 대상의 성과 수를 따른다.

질문

| Виждате ли _____? | 격식 ~가 보이세요? |
|---|---|
| Гледате ли _____? | 격식 ~를 보세요? |

답변

| Виждам _____. | ~가 보입니다. |
|---|---|
| Гледам _____. | ~를 봅니다. |

| Не виждам _____. | ~가 안 보여요. |
|---|---|
| Не гледам _____. | ~를 보지 않아요. |

〈동사 활용 (불완료형 / 완료형)〉

| 주격 인칭대명사 \ 동사 | 3식 / 2식<br>보다, 보이다<br>(see) | 3식<br>보다, 지켜보다, 관람하다<br>(watch, look) |
|---|---|---|
| аз | виждам / видя | гледам |
| ти | виждаш / видиш | гледаш |
| той / тя / то | вижда / види | гледа |
| ние | виждаме / видм | гледаме |
| Вие / вие | виждате / видите | гледате |
| те | виждат / видят | гледат |

Извинете, къде е тоалетната?

| 관련 표현 |

| | | |
|---|---|---|
| Вижте! | 격식 | 이것 좀 보세요! |
| Виж! | 비격식 | 이것 좀 봐! |

응용 Ето вижте! / виж!  여기 좀 보세요! / 여기 좀 봐!

질문

| | |
|---|---|
| Знаете ли _____ ? | 격식 ~를 아세요? |
| Познавате ли _____ ? | |

응용 Знаете ли, че + 동사?  ~라는 것을 아세요?

답변

| | |
|---|---|
| Зная (Знам) _____ . | ~를 알아요. |
| Познавам _____ . | |

응용 Зная / знам, че + 동사.  ~라는 것을 알고 있습니다.

| | |
|---|---|
| Не зная (знам) _____ . | ~를 몰라요. |
| Не познавам _____ . | |

응용 Не зная / знам, че + 동사.  ~라는 것을 알지 못합니다.

, че 라는 것(that)

*че 절: 18강 p.191 참고

〈동사 활용 (불완료형 / 완료형)〉

| 동사<br>주격<br>인칭대명사 | 1식<br>알다(know)<br>→ 내용 (사실, 정보, 지식 등) | 3식 / 1식<br>알да(know)<br>→ 사람, 고유명사 (인명, 국가명, 도시명 등) |
|---|---|---|
| аз | зная (знам) | познавам / позная |
| ти | знаеш | познаваш / познаеш |
| той / тя / то | знае | познава / познае |
| ние | знаем | познаваме / познаем |
| Вие / вие | знаете | познавате / познаете |
| те | знаят | познават / познаят |

*구어체 знам

УРОК 11

## Упражнения

**1** 다음 단어를 알맞은 형태로 변화시켜 빈칸에 기입하시오.

1  театър      → Къде е _____?

             → Ето _____.

2  музей      → Къде е _____?

             → Ето _____ там.

3  банка / [първи – първа – първо – първи]      첫 번째의

   → Къде е _____?

   → На _____ етаж.

4  гише / [горен – горна – горно – горни]      위쪽의

   → Къде е _____?

   → На _____ етаж.

5  деца и студенти / [долен – долна – долно – долни]      아래쪽의

   → Къде са _____?

   → На _____ етаж.

**2** 다음 두 문장에서 e 대신 들어갈 수 있는 표현을 고르시오.

> · Южна Корея е в източна Азия.
> · България е в югоизточна Европа.

① търся       ② търси      ③ се намеря     ④ се намери

⑤ се намира   ⑥ намеря     ⑦ намери        ⑧ намера

**3** 다음 단어들을 <보기> 빈칸에 들어갈 형태로 변화시켜 기입하시오.

| 보기 |
|---|
| в ............... на |

| начало | среда |
|---|---|
|  |  |
| край | ъгъл |
|  |  |

**4** 다음 빈칸에 들어갈 단어를 바르게 표기한 것을 고르시오.

- Тук има ли _____?
- На кой етаж има _____?
- _____ е точно там.
- Тази _____ е чиста.

① тоалетна – тоалетната – тоалетна – тоалетната

② тоалетната – тоалетна – тоалетна – тоалетната

③ тоалетна – тоалетна – тоалетната – тоалетна

④ тоалетната – тоалетната – тоалетна – тоалетна

УРОК 11

**5** 다음을 작문하고 그림을 토대로 질문에 '예 / 아니오'로 정답을 표시하시오.

근처에 있는 정류장을 찾고 있어요. 어디 있는지 아세요?
(I'm looking for the (bus) stop nearby. Do you know where it is?)

→ _____ (격식)

**наблизо** 근처(에)

| библиотека | училище | спирка | банкомат |
|---|---|---|---|
| болница | аптека | магазин | ресторант |

|  | 예 | 아니오 |
|---|---|---|
| 1 Спирката е до училището. | ......... | ......... |
| 2 Библиотеката е в училището. | ......... | ......... |
| 3 Аптеката е срещу банкомата и реторанта. | ......... | ......... |
| 4 Магазинът е между банкомата и реторанта. | ......... | ......... |

**6** 다음 단어의 의미를 바르게 연결하시오.

1 пред          (a) 위(층)에

2 зад           (b) 아래(층)에

3 долу          (c) 앞에

4 горе          (d) 뒤에

5 вляво         (e) 왼쪽에

6 вдясно        (f) 오른쪽에

# УРОК 12

이동과 거리   회사가 근처에 있나요?

# Офисът наблизо ли е?

## Диалог 🎧 12-1

А: Къде отиваш?
Б: Отивам на работа.
А: Защо? Днес е неделя.
Б: Всеки ден трябва да работя заради семинара следващата седмица.
А: Жалко, нямаш почивен ден. Офисът наблизо ли е?
Б: Не е далече оттук, но не ми се ходи на работа. А ти какво правиш тук?
А: Чакам Лия за да отидем на кино. Идва сега. Ако искаш да дойдеш, ела! И утре има много време за работа. Ти имаш нужда от почивка.

А: 너 어디 가?
Б: 나 일하러 가고 있어.
А: 왜? 오늘 일요일이잖아.
Б: 다음주에 있는 세미나 때문에 매일 일해야 돼.
А: 이런, 쉬는 날이 없네. 회사가 근처에 있어?
Б: 여기서 멀지 않지만, 일하러 갔다 오고 싶지 않아. 그런데 넌 여기서 뭐 해?
А: 영화 보러 가려고 리야를 기다리는 중이야. 지금 오고 있어. 너도 오고 싶으면 와! 내일도 일할 시간은 많아. 넌 휴식이 필요해.

*비격식체 회화

## Думи

🔄 **отивам** / ✅ **отида**
가다

**защо** 왜

[**всеки – всяка – всяко – всеки**]
각각의, ~마다

**всеки ден** 매일

**трябва да** ~해야 한다
*трябва → 무인칭 동사

**заради** ~때문에(because of)

**семинар** 세미나

**жалко** 이런, 불쌍해라, 안타까워라 (감탄사)

[**жалък – жалка – жалко – жалки**]
비참한, 가여운

[**почивен – почивна – почивно – почивни**]
쉬는

**наблизо** 근처, 가까이 있는

**далече** 먼

**ходя** 다니다, 갔다 오다
*13장 p.135 동사 활용 참고

**правя** ~를 하다, 만들다

**чакам** 기다리다

🔄 **идва** / ✅ **дойда**
오다

**ако** 만약에 (if)

**Ела.** 이리 와. (Come.)(비격식)

**работа** 일

**нужда** 필요

**почивка** 휴식

УРОК **1 2**

# Изрази

🎧 12-2

### 1 이동

| 질문 | | |
|---|---|---|
| Къде отивате? | 격식 | 어디 가세요? |

| 답변 | | |
|---|---|---|
| Отивам на / в / до / за / да _____. | | ~에 / ~하러 갑니다. (I'm going to ~.) |

- 불완료형 отивам 사용
- отивам на / в / до / за + 명사
  отивам да + 동사
- *일반동사의 불완료형과 완료형: 12강 p.124~126 참고

〈동사 활용 (불완료형 / 완료형)〉

| 주격 인칭대명사 \ 동사 | 3식 / 1식<br>가다<br>(go) | 3식 / 1식<br>오다<br>(come) |
|---|---|---|
| аз | отивам / отида | идвам / дойда |
| ти | отиваш / отидеш | идваш / дойдеш |
| той / тя / то | отива / отиде | идва / дойде |
| ние | отиваме / отидем | идваме / дойдем |
| Вие / вие | отивате / отидете | идвате / дойдете |
| те | отиват / отиват | идват / дойдат |

| 관련 표현 |

| Елате! | 격식 | 이리 오세요! (Come!) |
|---|---|---|
| Ела! | 비격식 | 이리 와! (Come!) |

응용 Елате / Ела тук!    여기로 오세요! / 여기로 와!

| отивам 표현 비교 |

〈추상적이고 포괄적인 на〉

| отивам на + 장소를 직·간접적으로 지칭하는 명사 |
|---|
| ~하러 간다. / ~에 간다. |
| работа / лекар / лекции / училище / кино / кафе<br>일하러 (출근) / 의사에게 진료받으러 / 강의 들으러 / 학교에 / 영화관에 / 카페에 |

⟨구체적이고 한정적인 в / във⟩

| отивам в / във + 장소를 직접적으로 지칭하는 명사 |
|---|
| ~로 간다. / ~에 간다. |
| България / Южна Корея / болницата<br>불가리아로 / 한국으로 / 병원에 |

отивам в / във는 상대적으로 일상적인 이동을 의미하기보다는 해당 장소를 강조하는 경향이 있다. 한편 별다른 구분 없이 на와 в / във를 혼용하는 경우도 존재한다.

⟨до / за / да⟩

| отивам до +<br>장소를 직·간접적으로<br>지칭하는 명사 | отивам за +<br>획득하고자 하는 대상을<br>지칭하는 명사 | отивам да +<br>실행하고자 하는<br>동사 |
|---|---|---|
| ~까지 간다. / ~에 간다.<br>(비교적 가까운 거리에 있는<br>장소일 때도 사용) | ~를 위해서 간다. | ~하러 간다. /<br>~하기 위해 간다. |
| тоалетната / супермаркета<br>화장실에 / 슈퍼마켓에 | хляб / медал<br>빵 사러 / 메달을 따러 | уча / работя<br>공부하러 / 일하기 위해 |

⟨동사 활용 (불완료형 / 완료형)⟩

| 주격<br>인칭대명사 \ 동사 | 2식<br>일하다<br>(work) | 3식 / 1식<br>쉬다*<br>(take a rest) |
|---|---|---|
| аз | работя | почивам (си) / си почина |
| ти | работиш | почиваш (си) / си починеш |
| той / тя / то | работи | почива (си) / си почине |
| ние | работим | почиваме (си) / си починем |
| Вие / вие | работите | почивате (си) / си починете |
| те | работят | почиват (си) / си починат |

**работа** 일

**почивка** 휴식

**работен ден** 일하는 날

**почивен ден** 쉬는 날

[работен – работна –
работно – работни]
일하는

[почивен – почивна –
почивно – почивни]
쉬는

⦁ почивам / почина의 완료형 почина를 재귀대명사 си 없이 사용할 경우, '죽다(die)'의 완곡한 표현인 '편히 잠들다, 영면하다(rest)'의 의미가 될 수 있다.

(умирам) / умра =
(почивам) / почина
죽다(= 편히 잠들다, 영면하다)

> 참고 💡

| защо | 왜 (why) |
|---|---|
| тъй като ~ | 왜냐하면 ~하기 때문이다 (as / because) |
| защото ~ | |
| заради ~ | ~때문에 (because of) |

응용 тъй като / защото + 동사 → 이유

응용 заради + 명사 → 이유

| ето защо ~ | 그렇기 때문에 ~합니다. (that's why) |
|---|---|

응용 ето защо + 동사 → 결과

| затова ~ | 따라서 (therefore) |
|---|---|

응용 затова + 동사 → 결과

Защо и през уикенда отивате на работа?   왜 주말인데도 출근하세요?

→ Тъй като има семинар, трябва да отида на работа.
 세미나가 있기 때문에 일하러 가야 해요.

→ Трябва да отида на работа, защото има семинар.
 세미나가 있기 때문에 일하러 가야 해요.

→ Трябва да отида на работа заради семинара.
 세미나 때문에 일하러 가야 해요.

→ Има семинар днес. Ето защо трябва да отида на работа.
 오늘 세미나가 있어요. 그렇기 때문에 일하러 가야 해요.

→ Днес има семинар, затова трябва да отида на работа.
 오늘 세미나가 있어서 일하러 가야 해요.

> 참고 💡

тъй като / защото / ето защо / затова는 문장과 문장을 연결할 때 쉼표와 함께 사용된다.

Офисът наблизо ли е?

### ② 거리

*далече 대신 далеч를 사용하기도 한다.

**надалече** 먼, 멀리,
**наблизо** 근처(에 있는)

[질문]

| Далече ли е от _____? | ~에서 멀리 있나요? |
|---|---|
| Близо ли е до _____? | ~로부터 가까운가요? |

[답변]

| Да, далече/близо е. | 네, 멀어요/가까워요. |
|---|---|
| Не, не е далече/близо. | 아니요, 멀지 않아요/가깝지 않아요. |

| 관련 표현 |

[질문]

| Какво правите? | [격식] 뭐하고 계세요? |
|---|---|

[답변]

| _____. | ~를 하고 있습니다. |
|---|---|

진행 중인 행위에 대한 질문이기 때문에 일반동사의 불완료형을 답변으로 사용한다.

〈동사 활용〉

| 주격 인칭대명사 \ 동사 | 2식<br>~를 하다, 만들다<br>(do, make) |
|---|---|
| аз | правя |
| ти | правиш |
| той / тя / то | прави |
| ние | правим |
| Вие / вие | правите |
| те | правят |

УРОК 1 2

# Граматика

● 일반동사의 불완료형과 완료형

| 불완료형 | 완료형 |
|---|---|
| 행위가 진행 중이거나 반복될 때 사용 | 행위가 한 번으로 끝날 때 사용 |
| → 주로 같이 사용되는 것:<br>빈도를 나타내는 표현 | → 주로 같이 사용되는 것:<br>да 구문 / 미래시제 / 아오리스트 과거시제 |

*미래시제: 17강 p.180 참고
*아오리스트 과거시제:
20강 p.209~213 참고

● 불완료형과 완료형 비교

Къде отивате?   어디를 가고 있나요? (진행 중)
Отивам на работа.   일하러 가고 있어요. (진행 중)

Къде сте?   어디세요?
Идвам сега.   지금 가고 있어요. (진행 중)

Всеки ден отивам на работа, но днес не искам да отида.
매일 출근하지만, 오늘은 가고 싶지 않다. (반복 / 한 번)

Често идвам тук, но утре не искам да дойда.
여기에 자주 오지만, 내일은 오고 싶지 않다. (반복 / 한 번)

〈빈도를 나타내는 표현 → 불완료형 일반동사와 함께 사용〉

| всеки ден | всеки път | от утре |
|---|---|---|
| 매일 | 매번 | 내일부터 |

| никога не | рядко | понякога | обикновено | често | винаги |
|---|---|---|---|---|---|
| 전혀 ~ 않는<br>(never) | 드물게<br>(seldom, rarely) | 가끔<br>(sometimes) | 보통<br>(usually) | 자주<br>(often) | 항상<br>(always) |

[всеки – всяка – всяко – всеки]
각각의, ~마다 (each, every)

⟨да 구문 → 주로 완료형 일반동사와 함께 사용⟩

영어의 to부정사와 유사한 역할을 하며 다양하게 해석할 수 있다.

| 어순 | да + (주어) + (се / си) + 동사 |
|---|---|

| искам<br>мога<br>трябва | + да + ~ | ~하기를 원한다. (I want to ~.)<br>~를 할 수 있다. (I am able to ~.)<br>~를 해야 한다. (I have to ~.) |
|---|---|---|

'трябва да ~'는 주격 인칭대명사에 따른 형태 변화가 없다.

주의 🔍

да 구문일지라도 진행 중이거나 반복되는 내용일 경우 불완료형 일반동사를 사용할 수 있다.

## ● 일반동사 불완료형과 완료형의 종류

### (1) 불완료형만 있는 일반동사

| имам | нямам | искам | работя |
|---|---|---|---|
| 있다 | 없다 | 원하다 | 일하다 |

### (2) 불완료형과 어미가 다른 완료형이 있는 일반동사

| отивам / отида | давам / дам | купувам / купя |
|---|---|---|
| 가다 | 주다 | 사다 |

### (3) 불완료형과 완전히 다른 완료형이 있는 일반동사

| идвам / дойда | 오다 |
|---|---|

### (4) 불완료형만 있는 일반동사 → 불완료형과 완료형이 있는 파생 일반동사

• чакам (기다리다)

| почаквам / почакам | дочаквам / дочакам | изчаквам / изчакам |
|---|---|---|
| 잠시 기다리다 | ~까지 기다리다 | 끝까지 다 기다리다 |

## УРОК 12

- **пиша** (쓰다)

| написвам /<br>напиша | пописвам /<br>попиша | подписвам /<br>подпиша | дописвам /<br>допиша |
|---|---|---|---|
| ~를 적다 | 조금씩 쓰다 | 서명하다 | ~까지 쓰다 |
| описвам /<br>опиша | записвам /<br>запиша | преписвам /<br>препиша | изписвам /<br>изпиша |
| ① 묘사하다<br>② 서술하다 | ① 메모하다<br>② 등록하다 | ① 지나치게 많이 쓰다<br>② 베껴 쓰다 | ① 끝까지 다 쓰다<br>② (약을) 처방하다 |

- **правя** (하다, 만들다)

| направям /<br>направя | поправям /<br>поправя | преправям /<br>преправя | изправям /<br>изправя |
|---|---|---|---|
| 한번 하다, 만들다<br>끝까지 다 하다, 만들다 | 고치다 | 다시 새로 하다,<br>만들다 | 똑바로 세우다 |

> **참고**
>
> 불완료형만을 가지는 일반동사는 완료형의 역할까지 대신할 수 있다.
>
> 파생 일반동사에 추가되는 접두사의 형태는 매우 다양하게 존재하며 접두사에 따라 기존의 불완료형만을 가지는 일반동사의 의미에 부가적으로 다른 뉘앙스가 덧붙여진다. 접두사가 지니는 일반적인 의미 외에 다수의 예외적인 의미가 존재하므로 본 교재에서는 (4)의 경우에서 기존의 불완료형만을 가지는 일반동사를 우선적으로 다루기로 한다.

Офисът наблизо ли е?

## Упражнения

**❶ 다음을 작문하시오.**

1  뭐 하고 계세요? (What are you doing?)

→ _____ (격식)

2  뭐 하고 있어? (What are you doing?)

→ _____ (비격식)


**❷ 다음 빈칸에 들어갈 알맞은 단어를 기입하시오.**

1  나는 휴식이 필요하다.

→ Имам нужда _____ почивка.

2  나는 쉴 필요가 없다.

→ Нямам нужда _____ си почина.

3  멀지도 않지만 가깝지도 않다.

→ Не е _____ , но не е и _____ .


**❸ 다음 빈칸에 들어갈 알맞은 단어를 기입하시오.**

| 매일 | 일하는 날 | 쉬는 날 |
|---|---|---|
| _____ ден | _____ ден | _____ ден |


**❹ 다음 빈칸에 들어갈 알맞은 단어를 기입하시오.**

| 전혀 ~ 않는 (never) | 드물게 (seldom, rarely) | 가끔 (sometimes) |
|---|---|---|
|  |  |  |
| 보통 (usually) | 자주 (often) | 항상 (always) |
|  |  |  |

127

УРОК 1 2

**5** 다음 빈칸에 일반동사의 주격 인칭대명사 а3에 따른 불완료형과 완료형을 기입하시오.

| 일반동사 \ 형태 | 불완료형 | 완료형 |
|---|---|---|
| 가다 | | |
| 오다 | | |

**6** 다음을 작문하시오.

1 А: 어디 가세요?

→ _____ (격식)

Б: 일하러 가고 있어요.

→ _____

2 А: 어디 가?

→ _____ (비격식)

Б: 화장실 가고 있어.

→ _____

3 А: 어디 계세요?

→ _____ (격식)

Б: 병원에 가고 있어요.

→ _____

4 А: 어디야?

→ _____ (비격식)

Б: 지금 가고 있어. (I'm coming now.)

→ _____

5  A: 여기 자주 오세요?

   → _____ (격식)

   Б: 매일 여기 와요.

   → _____

6  A: 어디 가고 싶으세요?

   → _____ (격식)

   Б: 공부하러 불가리아에 가고 싶어요.

   → _____

7  A: 왜 내일 한국에 가세요?

   → _____ (격식)

   Б: 가끔 일 때문에 한국에 다녀와야 해요.

   → _____

8  A: 다시 그곳에 가고 싶어?

   → _____ (비격식)

   Б: 아니요, 여기에 다시 오고 싶어요.

   → _____

# УРОК 13

집과 교통수단 — 시내까지 어떻게 가나요?

# Как да стигна до центъра?

## Диалог 🎧 13-1

А: Аз живея в къща зад студентското общежитие. А Вие къде живеете?
Б: В апартамент близо до центъра.
А: Има ли удобен транспорт до университета? Как пътувате?
Б: Да, удобно е. Пътувам с автобус № 1 или ходя пеш. Понякога вземам и такси.
А: Колко време пътувате?
Б: С автобус е около 10 минути от къщи.

А: 저는 학생 기숙사 뒤에 있는 주택에 살아요. 어디 사세요?
Б: 시내 근처에 있는 아파트에서 살아요.
А: 대학교까지 교통이 편리해요? 어떻게 통학하세요?
Б: 네, 편리해요. 전 1번 버스를 타거나 걸어 다녀요. 가끔은 택시도 타요.
А: 통학하는 데 시간은 얼마나 걸려요?
Б: 버스로는 집에서부터 10분 정도 걸려요.

*격식체 회화

### Думи

**живея** 살다(live)

**къща** 집, 주택(house)

**[студентски – студентска – студентско – студентски]** 대학생의(student)

**общежитие** 호스텔, 기숙사(hostel, dormitory)

**апартамент** 아파트 (apartment)

**[удобен – удобна – удобно – удобни]** 편리한(convenient)

**транспорт** 교통, 교통수단(transportation)

**пътувам** 여행, 통학, 통근하다(travel)

**автобус** 버스(bus)

**№ = номер** 번호(number)

**пеш / пеша** 걸어서(on foot)

**понякога** 가끔(sometimes)

**вземам / взема** (교통수단을) 이용하다(take)

**такси** 택시(taxi)

**от къщи** 집에서부터 (from home)

Как да стигна до центъра?

## Изрази 🎧 13-2

**1** 집

질문

| Къде живеете? | 격식 어디 사세요? |

응용 В какво живеете?   어떤 곳에서 사세요?
→ 거주지의 형태를 물어보는 질문

답변

| Живея в / на _____. | 저는 ~에 살아요. |

응용 Живея с / със ~.   ~와 함께 살다.

〈동사 활용 (불완료형 / 완료형)〉

| 주격 인칭대명사 \ 동사 | 1식 살다 (live) | 3식 / 1식 죽다* (die) |
|---|---|---|
| аз | живея | умирам / умра |
| ти | живееш | умираш / умреш |
| той / тя / то | живее | умира / умре |
| ние | живеем | умираме / умрем |
| Вие / вие | живеете | умирате / умрете |
| те | живеят | умират / умрат |

○ (умирам) / умра
= (почивам) / почина
죽다 = 편히 잠들다, 영면하다
(die = rest)

〈거주지〉 **жилище** (residence) / 〈주소〉 **адрес** (address)

| къща | 집, 주택 | квартира / под наем | 세, 렌트, 임대 |
|---|---|---|---|
| апартамент | 아파트 (호수) | хотел | 호텔 |
| блок | 아파트 건물 (동) | общежитие | 기숙사 |
| квартал | 구역, 단지 | улица | 거리 |
| жилищен комплекс | 대단지 | булевард | 대로 |

○ 축약형
апартамент = ап.
блок = бл.
квартал = кв.
жилищен комплекс = ж.к.
улица = ул.
булевард = бул.

131

УРОК **1 3**

> 참고 💡

| 거주지의 형태 및 위치 |

| живея в / във | ~(안)에 거주한다. |
|---|---|

+ къща / ап. / бл. ~ / кв. ~ / ж.к. ~ / хотел / общежитие
+ България / Южна Корея

| 거주지의 위치 |

| живея на | ~(위)에 거주한다. |
|---|---|

+ улица ~ / булевард ~ / ~ етаж

응용 живея на квартира.   셋방(렌트)에 살다.
응용 живея под наем.   세 들어 살다.

> 참고 💡

| в къща | вкъщи | у дома |
|---|---|---|
| 주택에(서), 주택 안에 (in the house) | 집에(서), 집으로 (home, at home) | |

Аз живея с кучета и котки в стара къща с двор.
저는 개, 고양이들과 함께 마당이 있는 오래된 주택에서 살아요.

Аз живея сам / сама в нова къща без домашни любимци.
저는 반려동물 없이 홀로 새로운 주택에서 살아요. (남/여)

Аз съм вкъщи сега.   나는 지금 집에 있다.
Аз съм у дома сега.   나는 지금 집에 / 고향에 있다.

〈집 구조〉 **структура на къщата**

| двор | 마당 | баня | 욕실 |
|---|---|---|---|
| антре | 현관 | тоалетна | 화장실 |
| хол | 거실 | кабинет | 서재 |
| кухня | 부엌 | спалня | 침실 |
| трапезария | 다이닝룸 | стая | 방 |

○ **къща**
→ 물리적인 공간: 집, 주택
**дом**
→ 물리 + 심리적인 공간: 집, 가정, 고향

**у** ~가 사는 곳, ~의 거처

[**сам – сама – само – сами**] 혼자

[**стар – стара – старо – стари**] 낡은, 오래된

[**нов – нова – ново – нови**] 새로운, 새 것의

[**домашен – домашна – домашно – домашни**]
집의, 집에서 만든

〈가구〉 **мебел – мебели**

| диван | 소파 | маса | 테이블 |
|---|---|---|---|
| стол | 의자 | бюро | 책상 |
| легло | 침대 | шкаф | (찬)장 |

〈물건〉 **продукт – протукти**

| врата | 문 | пералня | 세탁기 |
|---|---|---|---|
| прозорец | 창문 | мивка | 싱크대, 세면대 |
| перде | 커튼 | огледало | 거울 |
| радио | 라디오 | душ | 샤워기 |
| телевизор | 텔레비전 | вана | 욕조 |
| часовник | 시계 | тоалетна чиния | 변기 |
| печка | 오븐 | тоалетна хартия | 화장실 휴지 |
| хладилник | 냉장고 | салфетка-салфетки | 냅킨 |

〈식기류〉 **съдове**

| чиния | 접시 | чайник | 주전자 |
|---|---|---|---|
| купа | 그릇, 볼 | чаша | 컵, 잔 |
| тиган | 프라이팬 | бутилка | 병 |

〈식기 도구〉 **прибори за хранене**

| лъжица | 숟가락 | клечки за хранене | 젓가락 |
|---|---|---|---|
| вилица | 포크 | нож | 나이프, 칼 |

〈동물〉 단 **животно** – 복 **животни /**
〈반려동물〉 단 **домашен любимец** – 복 **домашни любимци**

| куче | 개 | крава | 소 |
|---|---|---|---|
| котка | 고양이 | прасе | 돼지 |
| птица | 새 | пиле (петел / кокошка) | 닭 (수탉 / 암탉) |

## 2 교통수단

**[질문]**

| Как пътувате до _____? | [격식] ~까지 어떻게 여행 / 통학 / 출퇴근하세요? |

**[응용]** Как пътувате до работа / офиса?　일하러 / 회사까지 어떻게 출퇴근하세요?
**[응용]** С какво пътувате?　무엇을 타고 여행 / 통학 / 출퇴근하세요?

**[답변]**

| Пътувам с / със _____. | ~를 타고 여행 / 통학 / 출퇴근합니다. |

**[응용]** пътувам в / във + 여행지　　　~를 여행하다
**[응용]** вземам / взема + автобус, метро, такси 등
　　　　　　　　　　　　　　　　버스, 지하철, 택시 등을 타다, 이용하다
**[응용]** карам + колà, колело 등　　　자동차, 자전거 등을 타다, 운전하다
**[응용]** ходя + пеш / пеша　　　걸어서 다니다 (남/여)

⟨교통수단⟩ **транспорт** (transportation)

| автобус | 버스<br>(bus) | такси | 택시<br>(taxi) |
|---|---|---|---|
| трамвай | 트램<br>(tram) | колà / автомобил | 자동차<br>(car / automobile) |
| тролей | 트롤리<br>(trolley) | колело / велосипед | 자전거<br>(bike / bicycle) |
| метро | 지하철<br>(metro, subway) | мотоциклет | 오토바이<br>(motorcycle) |
| влак | 기차, 열차<br>(train) | самолет | 비행기<br>(airplane) |

**пътувам** 여행하다
→ 상황이나 문맥상 '통학/통근하다'의 뜻으로도 사용

**колà** 자동차(car)
**кòла** 콜라(coke)

Как да стигна до центъра?

〈동사 활용 (불완료형 / 완료형)〉

| 주격 인칭대명사 \ 동사 | 3식<br>여행하다<br>(travel) | 3식<br>운전하다<br>(drive, ride) | 3식 / 1식<br>가져가다, (교통수단을) 이용하다<br>(take) |
|---|---|---|---|
| аз | пътувам | карам | вземам / взема |
| ти | пътуваш | караш | вземаш / вземеш |
| той / тя / то | пътува | кара | взема / вземе |
| ние | пътуваме | караме | вземаме / вземем |
| Вие / вие | пътувате | карате | вземате / вземете |
| те | пътуват | карат | вземат / вземат |

🔹 **качвам(се) /**
🔹 **(се) кача**
올라가다, 승차하다, 등산하다
(climb, get on/in)

🔹 **слизам /** 🔹 **сляза**
내려가다, 하차하다
(go down, get off)

참고 💡

| пътуване | 여행 |
|---|---|

- 응용 пътуване в / във + 여행지    ~여행
- 응용 пътуването до работа / офиса    출퇴근길

〈동사 활용〉

| 주격 인칭대명사 \ 동사 | 2식<br>가다, 다니다, 갔다 오다<br>(go) |
|---|---|
| аз | ходя |
| ти | ходиш |
| той / тя / то | ходи |
| ние | ходим |
| Вие / вие | ходите |
| те | ходят |

| отивам / отида 와 ходя 비교 |

| отивам / отида<br>가다 | ходя<br>가다, 다니다, 갔다 오다 |
|---|---|
| ------------------------> | <------------------------ |
| (가는 행위 강조) | (갔다 오는 행위 내포) |

Отивам на училище.    나는 학교에 간다.
Ходя на училище.    나는 학교를 다닌다.

УРОК **1 3**

| 관련 표현 |

| | |
|---|---|
| Как да стигна до _____? | ~까지 어떻게 가나요?<br>(How do I get to ~?) |
| Къде мога да си купя билет? | 어디서 표를 살 수 있나요? |

| 관련 단어 |

| тръгване / заминаване | пристигане |
|---|---|
| 출발 | 도착 |

| | | | |
|---|---|---|---|
| шофьор | 운전사 | пътник | 탑승객 |
| спирка | (버스/트램/트롤리 등) 정류장 | гара / метро станция | 기차역 / 지하철역 |
| гише | 매표소 | билет | 표, 티켓 |

응용 билет за + самолет, автобус, влак, метро ...   비행기, 버스, 기차, 지하철 등의 표

응용 самолетен / автобусен билет   비행기 / 버스 표

응용 автобусна спирка   버스 정류장

응용 крайна спирка   종점

| 관련 단어 |

| | |
|---|---|
| [самолетен - самолетна - самолетно - самолетни] | 비행기의<br>(airplane) |
| [автобусен - автобусна - автобусно - автобусни] | 버스의<br>(bus) |
| [начален - начална - начално - начални] | 처음의, 시작의<br>(initial) |
| [среден - средна - средно - средни] | 중간의, 가운데의<br>(middle) |
| [краен - крайна - крайно - крайни] | 마지막의, 끝의<br>(end, last) |

불 **стигам** / 완 **стигна**
이르다, 도달하다 (reach)

불 **пристигам** /
완 **пристигна**
도착하다 (arrive)

불 **тръгвам** / **тръгна**
출발하다 (depart)

불 **заминавам** /
완 **замина**   떠나다 (leave)

**си**   스스로에게, 자기 자신에게
(to/for oneself)

*수여격 재귀대명사 си의 용법:
 15강 p.157 참고

불 **купувам** / 완 **купя**
사다, 구입하다 (buy)

불 **продавам** /
완 **продам**   팔다, 판매하다
(sell)

Как да стигна до центъра?

## Упражнения

**1** 다음을 작문하시오.

저는 강아지, 고양이와 함께 아파트 1층에 살고 있습니다.
(I live in apartment on the first floor with dog and cat.)

→ ................................................................................

**2** 다음 빈칸에 들어갈 알맞은 단어를 기입하시오.

| 집, 주택 (house) | | 집 (home) | |
|---|---|---|---|
| 주택에, 주택 안에 (in the house) | | 집에, 집으로 (home, at home) | |

1 홈, 스윗 홈! (Home, sweet home!)

→ .............................., сладък .............................. !

2 영화: "나 홀로 집에." (Film: "Home alone.")

→ Филм: „Сам .............................................. ."

[сладък – сладка – сладко – сладки]
달콤한, 사랑스러운, 귀여운
(sweet)

**3** 다음 빈칸에 들어갈 알맞은 단어를 기입하시오.

| 버스 (bus) | | 택시 (taxi) | |
|---|---|---|---|
| 트램 (tram) | | 자동차 (car / automobile) | |
| 트롤리 (trolley) | | 자전거 (bike / bicycle) | |
| 지하철 (metro, subway) | | 오토바이 (motorcycle) | |
| 기차, 열차 (train) | | 비행기 (airplane) | |

УРОК 13

### 4  다음을 작문하시오.

1  A: 한국까지 어떻게 여행하세요?
   → _____ (격식)

   Б: 비행기를 타고 여행합니다.
   → _____

2  A: 학교까지 어떻게 통학해?
   → _____ (비격식)

   Б: 걸어서 다녀. (남)
   → _____

3  A: 무엇을 타고 출퇴근하세요?
   → _____ (격식)

   Б: 차를 타거나 버스를 이용해요.
   → _____

### 5  다음 <보기>에서 빈칸에 들어갈 알맞은 일반동사를 골라 기입하시오.

| 보기 |
| --- |
| вземам    взема    стигам    стигна    купувам    купя |

1  Как да _____ до музея?

2  Сега трябва да _____ такси, защото закъснявам за лекции.

3  Къде мога да си _____ билет?

### 6  다음 빈칸에 들어갈 알맞은 단어를 기입하시오.

1  _____ 매표소

2  час на _____ / _____ 출발 시각

3  час на _____ 도착 시각

## УРОК 14

**가족과 친구** 그들은 나의 친구들입니다.

# Те са приятелите ми.

### Диалог  🎧 14-1

А: Кой е той? Познаваш ли онзи мъж?
Б: Петър е мой приятел. Той е по-големият брат на Иван.
А: Хубав е. Иван прилича на брат си.
Б: Нали? Не само това, но е и мил.
А: Искам да имам такъв брат.
Б: Колко братя и сестри имаш?
А: Двама по-големи братя и две по-малки сестри.

А: 누구지? 저 남자 알아?
Б: 뻬떠르라고 내 친구야. 그는 이반의 형이지.
А: 멋있다. 이반이 자기 형 닮았네.
Б: 그렇지? 그뿐만이 아니라 친절하기도 해.
А: 나도 그런 오빠가 있으면 좋겠다.
Б: 너는 형제자매가 몇 명 있는데?
А: 오빠 두 명과 여동생 두 명이 있어.

*비격식체 회화

### Думи

**[кой – коя – кое – кои]**
누구(who)

**🔲 познавам / 🔲 позная**
(사람 등을) 알다(know)

**мъж** 남자(man)

**[мой – моя – мое – мои] = ми** 나의(my)

**🔲 приятел / 🔲 приятелка**
친구(friend)

**по-** 더 ~한(more, ~er)

**🔲 брат – 🔲 братя**
형제(형, 오빠, 남동생)
(brother – brothers)

**[хубав – хубава – хубаво – хубави]**
잘생긴, 예쁜(nice)

**приличам**
닮다(take after, resemble)

**[свой – своя – свое – свои] = си**
자기 자신의(one's own)

**не само ~, но и ~.**
~뿐만 아니라 ~도
(not only ~, but also ~.)

**[мил – мила – мило – мили]**
친절한(kind)

**[такъв – такава – такова – такива]**
그러한(such)

**🔲 сестра – 🔲 сестри**
자매(누나, 언니, 여동생)
(sister – sisters)

139

УРОК **14**

# Изрази 🎧 14-2

### ❶ 가족과 친구

**질문**

| 남 | Кой е той? | 그는 누구입니까? |
| --- | --- | --- |
| 여 | Коя е тя? | 그녀는 누구입니까? |

**답변**

| Той е мой приятел. | 그는 저의 친구입니다. |
| --- | --- |

| Той е моят баща. | 그는 저의 아버지입니다. |
| --- | --- |
| Той е баща ми. | 그는 제 아버지입니다. |

| Тя е моя приятелка. | 그녀는 저의 친구입니다. |
| --- | --- |

| Тя е моята майка. | 그녀는 저의 어머니입니다. |
| --- | --- |
| Тя е майка ми. | 그녀는 제 어머니입니다. |

○ [мой - моя - мое - мои] / ми 나의 → 소유격 인칭대명사 장어미형 / 단어미형
○ 소유격 인칭대명사: 대상을 한정하는 역할 → 특히 단어미형의 경우, 대부분 관사와 함께 사용 (일부 가족 관계 지칭 단수 명사 제외!)
\* 소유격 인칭대명사와 관사: 14강 **p.145** 참고

| 관련 단어 |

〈가족〉 단 **семейство** – 복 **семейства** (family – families)

| баща / татко | 아버지 / 아빠 | майка / мама | 어머니 / 엄마 |
| --- | --- | --- | --- |
| 단 дядо - 복 дядовци | 할아버지 | 단 баба - 복 баби | 할머니 |
| 단 брат - 복 братя | 형제 | 단 сестра - 복 сестри | 자매 |
| по-голям брат<br>по-малък брат | 오빠, 형<br>남동생 | по-голяма сестра<br>по-малка сестра | 언니, 누나<br>여동생 |

| 단 приятел - 복 приятели /<br>단 приятелка - 복 приятелки | 친구<br>(남/여) | 단 колега - 복 колеги | 동료 |
| --- | --- | --- | --- |

\* 호격형: **татко / тате**
아빠! (dad/daddy)
**майко / мамо**
엄마! (mom/mommy)

**двойка** 커플
**гадже** 애인 (비격식)

## 2 형제관계

질문

| Колко братя и сестри имате? | 격식 형제자매가 몇 명 있나요? |

답변

| Имам един брат и една сестра. | 형제 한 명과 자매 한 명이 있어요. |
| Имам двама братя и две сестри. | 형제 두 명과 자매 두 명이 있어요. |

- два + ма + братя = един 제외한 숫자 + 가산 복수형 + 사람 남성 명사 복수형
  → един, двама, трима, четирима, петима, шестима, седем, осем, девет, десет 등

- две + сестри = една / едно 제외한 숫자 + 여성 / 중성 명사 복수형
  → една / едно, две, три, четири, пет, шест, седем, осем, девет, десет 등

⟨по-⟩ 더 (-er)

| 단 по-голям брат | 형 / 오빠 | 단 по-голяма сестра | 누나 / 언니 |
| 복 по-големи братя | | 복 по-големи сестри | |
| 단 по-малък брат | 남동생 | 단 по-малка сестра | 여동생 |
| 복 по-малки братя | | 복 по-малки сестри | |

| 단 родтиел - 복 родтиели | 부모님 |
| 단 съпруг - 복 съпрузи | 남편 |
| 단 съпруга - 복 съпруги | 아내 |
| 단 син - 복 синове | 아들 |
| 단 дъщеря - 복 дъщери | 딸 |

# УРОК 14

## Граматика

### ● 비교급과 최상급

| по- + 형용사/부사 | най- + 형용사/부사 | от + 명사 |
|---|---|---|
| 더 | 가장, 제일 | ~보다 / ~에 비해서 |

| по-[добър / добра / добро / добри] | най-[добър / добра / добро / добри] |
|---|---|
| 더 좋은 | 가장 좋은 |
| по-добре | най-добре |
| 더 좋게 | 가장 좋게 |

> 참고
>
> 형용사의 비교급과 최상급은 상황이나 문맥에 따라 관사 결합 유무가 달라진다. 한편 수·양·정도를 나타내는 표현은 повече(더 많이, more) / по-малко(더 적게, less)를 사용한다.

| 관련 단어 |

| 단 човек - 복 хора | 사람 | 단 дете - 복 деца | 아이 |
|---|---|---|---|
| 단 мъж - 복 мъже | 남자 | 단 момче - 복 момчета | 소년 |
| 단 жена - 복 жени | 여자 | 단 момиче - 복 момичета | 소녀 |

**단 бебе - 복 бебета**
아기

〈성격〉 характер

| | |
|---|---|
| [добър - добра - добро - добри] | 좋은, 착한 (good) |
| [приятен - приятна - приятно - приятни] | 좋은, 나이스한 (nice) |
| [мил - мила - мило - мили] | 친절한 (kind) |
| [лош - лоша - лошо - лоши] | 나쁜 (bad) |
| [егоистичен - егоистична - егоистично - егоистични] | 이기적인 (selfish, egoistic) |
| [мързелив - мързелива - мързеливо - мързеливи] | 게으른 (lazy) |

〈외모〉 външност

| | |
|---|---|
| [хубав - хубава - хубаво - хубави] | 잘생긴, 예쁜 (good-looking, handsome, pretty) |
| [красив - красива - красиво - красиви] | 아름다운 (beautiful) |
| [грозен - грозна - грозно - грозни] | 못생긴 (ugly) |
| [висок - висока - високо - високи] | 키가 큰 (tall) |
| [нисък - ниска - ниско - ниски] | 키가 작은 (small) |
| [стар - стара - старо - стари] | 늙은, 오래된 (old) |
| [млад - млада - младо - млади] | 어린, 젊은 (young) |

## УРОК 14

● 소유격

〈소유격 인칭대명사〉

| 소유격 \ 어미형 | 단어미형 | 장어미형 |
|---|---|---|
| 나의 | ми | [мой - моя - мое - мои] |
| 너의 | ти | [твой - твоя - твое - твои] |
| 그의 | му | [негов - негова - негово - негови] |
| 그녀의 | й | [неин - нейна - нейно - нейни] |
| 그것의 | му | [негов - негова - негово - негови] |
| 우리의 | ни | [наш - наша - наше - наши] |
| 당신의 / 너희들의 | Ви / ви | [Ваш - Ваша - Ваше - Ваши] / [ваш - ваша - ваше - ваши] |
| 그들의 | им | [техен - тяхна - тяхно - техни] |

〈소유격 재귀대명사〉

| 소유격 \ 어미형 | 단어미형 | 장어미형 |
|---|---|---|
| 자기 자신의 | си | [свой - своя - свое - свои] |

일반동사 приличам на ~　　　　　　　~를 닮다
Той прилича на своите родители.　　그는 자신의 부모님을 닮았다.
= Той прилича на родителите си.

〈소유격 인칭대명사 및 재귀대명사의 어순〉

| 소유격 단어미형 어순 | 소유격 장어미형 어순 |
|---|---|
| 명사 + 단어미형 | 장어미형 + 명사 |
| чантата ми　내 가방 | моята чанта　나의 가방 |
| 형용사 + 단어미형 + 명사 | 장어미형 + 형용사 + 명사 |
| голямата ми чанта　내 큰 가방 | моята голяма чанта　나의 큰 가방 |

⟨소유격 인칭대명사 및 재귀대명사의 강조 용법⟩

단어미형이 사용되는 문장   <   장어미형이 사용되는 문장

⟨소유격 인칭대명사와 관사⟩
소유격 인칭대명사는 주로 관사와 함께 사용되어 수식하는 명사를 더욱 구체적이고 한정적으로 만드는 역할을 한다. 그런데 소유격 인칭대명사가 사람을 수식하게 되면 경우에 따라 관사 사용 여부가 달라지기 때문에 주의를 기울여야 한다.

- 소유격 관련 단어미형이 일부 가족관계를 나타내는 단수 명사를 수식할 때
    관사를 잘못 사용하게 될 경우 비속어가 될 수 있으므로 더욱 각별한 주의가 필요하다. 한편 해당 명사들이 소유격 장어미형과 쓰이거나 복수형으로 쓰이면 관사의 사용이 가능하다.

| 가족관계<br>단·복수 단어 | + 관사 O | | 가족관계<br>단수 단어 | + 관사 X | |
|---|---|---|---|---|---|
| семейство | + то | + 소유격<br>대명사<br>단어미형 | баща | | + 소유격<br>대명사<br>단어미형 |
| родители | + те | | майка | | |
| съпруг* | + ът / + а | | дядо | | |
| съпруга* | + та | | баба | | |
| син | + ът / + а | | брат | | |
| дядовци | + те | | сестра | | |
| баби | + те | | дъщеря | | |

참고

- съпругът / съпруга + 소유격 관련 단어미형
  = мъжът / мъжа + 소유격 관련 단어미형 → ~의 남편
- съпругата + 소유격 관련 단어미형
  = жена + 소유격 관련 단어미형 → ~의 아내

## УРОК 14

> 주의

| 헷갈릴 수 있는 소유격 장어미형 + 관사 형태 비교 |

| 소유격 \ 성 | 남성 | 여성 |
|---|---|---|
| 나의 | мой → моят / моя | моя → моята |
| 너의 | твой → твоят / твоя | твоя → твоята |
| 자기 자신의 | свой → своят / своя | своя → нейна |
| 그녀의 | неин → нейният / нейния | нейна → нейната |

Те са приятелите ми.

## Упражнения

**1** 다음 빈칸에 들어갈 알맞은 단어를 기입하시오.

| 소유격 인칭대명사 | 단어미형 | 장어미형 |
|---|---|---|
| 나의 | | |
| 너의 | | |
| 그의 | | |
| 그녀의 | | |
| 그것의 | | |
| 우리의 | | |
| 당신의 / 너희들의 | | |
| 그들의 | | |
| 자기 자신의 | | |

**2** 다음을 작문하시오.

1 그는 저의 아버지입니다. (He is my father.)

→ _____ (단어미형)

→ _____ (장어미형)

2 그녀는 저의 어머니입니다. (She is my mother.)

→ _____ (단어미형)

→ _____ (장어미형)

УРОК 14

③ 다음 빈칸에 해당 단어의 단수형과 일반 복수형을 기입하시오.

| 단어 | 단수형 | 일반 복수형 |
|---|---|---|
| 1 사람 | | |
| 2 남자 | | |
| 3 여자 | | |
| 4 아이 | | |
| 5 소년 | | |
| 6 소녀 | | |
| 7 친구 (남/여) | | |
| 8 동료 | | |

④ 다음 빈칸에 해당 단어의 단수형과 일반 복수형을 기입하시오.

| 단어 | 단수형 | 일반 복수형 |
|---|---|---|
| ① 가족 | | |
| ② 부모님 | | |
| ③ 아버지 | | |
| ④ 어머니 | | |
| ⑤ 남편 | | |
| ⑥ 아내 | | |
| ⑦ 할아버지 | | |
| ⑧ 할머니 | | |
| ⑨ 형제 | | |
| ⑩ 자매 | | |
| ⑪ 아들 | | |
| ⑫ 딸 | | |

**⑤** 문항 **④** 단어들의 단수형을 아래 표에 따라 번호로 분류하시오.

| 단수형과 소유격 단어미형 결합 시 | |
|---|---|
| 관사를 사용할 수 있는 단어 | 관사를 사용할 수 없는 단어 |
|  |  |

**⑥** 다음 빈칸에 들어갈 알맞은 단어를 고르시오.

> Петър е _____ Иван.
>
> 뻬떠르는 이반보다 키가 크다.

① най-голям в　　② по-голям от　　③ по-кратък на

④ по-къс в　　⑤ по-никсък на　　⑥ по-висок от

**⑦** 다음 지문에서 문법적으로 올바르지 않은 네 군데를 찾아 고치시오.

> Петър е най-добрият ми приятел. В семейството му има баща, майка и петима сестри. Той няма брати, но има много приятели. Живее с приятелите му наблизо универстета. Голямото семейство му живее в центъра.

1  _____  →  _____
2  _____  →  _____
3  _____  →  _____
4  _____  →  _____

---

**най-добрия(т) приятел / най-добрата приятелка**
가장 친한 친구 (남/여)
(best friend)

**УРОК 15** 안부와 건강  머리와 목이 아파요.
# Болят ме главата и гърлото.

## Диалог 🎧 15-1

А: Добре ли си? Изглеждаш болна.
Б: Не се чувствам добре. Може би имам настинка.
А: Какво те боли?
Б: Болят ме главата и гърлото, имам също температура, хрема и кашлица.
А: Може да е грип. Можеш ли да отидеш в болницата сама?
Б: Не, не мога. Помогни ми, моля те.
А: Хайде, идвам с теб!

А: 너 괜찮아? 아파 보여.
Б: 몸 컨디션이 좀 안 좋네. 아마도 감기에 걸린 것 같아.
А: 어디가 아픈데?
Б: 머리랑 목이 아파, 열도 좀 있고 콧물이랑 기침도 나.
А: 독감일 수 있어. 병원에 혼자 갈 수 있겠어?
Б: 아니, 못 가겠어. 나 좀 도와줘.
А: 어서 가자, 같이 갈게!

*비격식체 회화

### Думи

**изглеждам** ~처럼 보이다 (seem, look like)
**[болен – болна – болно – болни]** 아픈 (sick)
**чувствам се** 기분, 상태를 느끼다 (feel)
**може** 할 수 있다, ~일지도 모른다, ~해도 좋다 (can/may) → 무인칭 동사
**може би** 아마도 (maybe)
**настинка** 감기 (cold)
**те = тебе (теб)** 너를 (you)
**боли / болят** 아프게 하다 (hurt)
*боли / болят → 무인칭 동사 (단수/복수)
**ме = мене (мен)** 나를 (me)
**глава** 머리 (head)
**гърло** 목구멍 (throat)
**температура** 온도, 열 (temperature, fever)
**хрема** 콧물 (runny nose)
**кашлица** 기침 (cough)
**грип** 독감 (flu)
**мога** 할 수 있다 (can)
**Помогни** 도와줘. (Help) (비격식)
**ми = на мене (на мен)** 나에게 (to me)
**Хайде.** 자, 어서, 가자 등 (Come on.)

150

Болят ме главата и гърлото.

## Изрази
🎧 15-2

### ❶ 안부와 건강

**Ви** 당신을
**те** 너를
**ме** 나를
→ 목적격 인칭대명사

[질문]

| Какво Ви / те боли? | 격식 어디가 아프세요? |
|---|---|
|  | 비격식 어디가 아파? |

[답변]

| Боли ме _____. | ~가 아파요. |
|---|---|

응용 Боли / Болят ме + 단수 명사 / 복수 명사 + 주격 관사.

боли / болят는 인칭 변화가 없는 무인칭 동사이므로 해당 대상의 단·복수에만 영향을 받는다.

| | Боли ме. | |
|---|---|---|
| 남 | Болен съм. | 아파요. |
| 여 | Болна съм. | |

| Не се чувствам добре. | 몸 컨디션이 안 좋아요. |
|---|---|

| Оздравявайте, бързо! | 격식 어서 나으세요! |
|---|---|
| Оздравявай, бързо! | 비격식 어서 나으렴! |

불 **оздравявам /**
완 **оздравея(оздравя)**
낫다, 회복하다(recover)

[**бърз – бърза –**
**бързо – бързи**]
빠른(quick, fast)

**бързо** 빨리(quickly)

[**бавен – бавна –**
**бавно – бавни**]
느린(slow)

**бавно** 느리게(slowly)

# Граматика

- ## 목적격

### 〈목적격 인칭대명사〉

| 목적격 \ 어미형 | 단어미형 | 장어미형 |
|---|---|---|
| 나를 | ме | мене (мен) |
| 너를 | те | тебе (теб) |
| 그를 | го | него |
| 그녀를 | я | нея |
| 그것을 | го | него |
| 우리를 | ни | нас |
| 당신을 / 너희들을 | Ви / ви | Вас / вас |
| 그들을 | ги | тях |

⊕ 구어체 мен / теб

### 〈목적격 재귀대명사〉

| 목적격 \ 어미형 | 단어미형 | 장어미형 |
|---|---|---|
| 자기 자신을 | се | себе си |

일반동사 обичам 사랑하다 (love)

Аз се обичам. = Аз обичам себе си.   나는 내 자신을 사랑한다.

### 〈목적격 인칭대명사 및 재귀대명사의 어순〉

| 목적격 단어미형 어순 || 목적격 장어미형 어순 |
|---|---|---|
| 주어 + 단어미형 + 동사 = 동사 + 단어미형 || 유동적 |
| Аз те обичам. = Обичам те. 난 널 사랑해. || (теб) аз (теб) обичам (теб). 난 너를 사랑해. |
| не / 접속사 + 단어미형 + 동사 || 전치사 + 장어미형 |
| не те обичам 널 사랑하지 않는다 | ,но те обичам 널 사랑하지만 | за теб 너를 위해서 |

⦁ 장어미형의 위치가 선행될수록 강조된다.

⟨목적격 인칭대명사 및 재귀대명사의 강조 용법⟩

| 단어미형이 사용되는 문장 | < | 장어미형이 사용되는 문장* | < | 단어미형과 장어미형이 모두 사용되는 문장* |

| 관련 단어 |

⟨건강⟩ **здраве** (health)

| болница | 병원 | аптека | 약국 |
|---|---|---|---|
| лекар | 의사 | фармацевт / аптекар | 약사 |
| рецепта | 처방전 | лекарство | 약 |

| [здрав - здрава - здраво - здрави] | 건강한 |
|---|---|
| [болен - болна - болно - болни] | 아픈 |
| [уморен - уморена - уморено - уморени] | 피곤한 |

⟨신체⟩ **тяло** (body)

| глава | 머리 | брадичка | 턱 |
|---|---|---|---|
| коса | 머리카락 | врат | 목 |
| кожа | 피부 | гърло | 목구멍 |
| лице | 얼굴 | 단 рамо - 복 рамене | 어깨 |
| чело | 이마 | 단 гърда - 복 гърди | 가슴 |
| 단 вежда - 복 вежди | 눈썹 | гръб | 등 |
| 단 мигла - 복 мигли | 속눈썹 | корем | 배 |
| 단 око - 복 очи | 눈 | 단 ръка - 복 ръце | 손, 팔 |
| 단 ухо - 복 уши | 귀 | 단 крак - 복 крака | 다리, 발 |
| нос | 코 | 단 пръст - 복 пръсти (на ръце) | 손가락 |
| 단 ноздра - 복 ноздри | 콧구멍 | 단 пръст - 복 пръсти (на крака) | 발가락 |
| 단 буза - 복 бузи | 볼, 뺨 | 단 нокът - 복 нокти (на ръце) | 손톱 |
| уста / устни | 입 / 입술 | 단 нокът - 복 нокти (на крака) | 발톱 |
| език | 혀 | 단 лакът - 복 лакти | 팔꿈치 |
| 단 зъба - 복 зъби | 치아 | 단 коляно - 복 колене | 무릎 |

УРОК 15

| мозък | 뇌 | стомах | 위 |
|---|---|---|---|
| сърце | 심장 | черен дроб | 간 |
| кръв | 피 | 단 бял дроб - 복 бели дробове | 폐 |

〈질병〉 단 болест – 복 болести (disease – diseases)
〈통증〉 단 болка – 복 болки (pain – pains)

| настинка / грип | 감기 / 독감 | главоболие | 두통 |
|---|---|---|---|
| кашлица / хрема | 기침 / 콧물 | зъбобол | 치통 |
| алергия | 알레르기 | болка в стомаха / корема | 복통 |

# Изрази

## 2 가능성, 제안, 요청

질문

| Можете ли да _____? | 격식 (당신이) ~를 할 수 있나요? |
|---|---|

답변

| Мога да _____. | 저는 ~를 할 수 있어요. |
|---|---|
| Не мога да _____. | 저는 ~를 못 하겠어요. |

〈동사 활용〉

| 주격 인칭대명사 \ 동사 | 1식<br>할 수 있다<br>(can) |
|---|---|
| аз | мога |
| ти | можеш |
| той / тя / то | може |
| ние | можем |
| Вие / вие | можете |
| те | могат |

Болят ме главата и гърлото.

| 관련 표현 |

| Мога ли да _____ ? | 제가 ~할 수 있나요? |
|---|---|

- **мога:** 능력 · 가능성 여부 (аз)

| Може ли да _____ ? | ① (그/그녀/그것이) ~를 할 수 있나요?<br>② ~해도 될까요? |
|---|---|

- **може:** ① 능력 · 가능성 여부 (той / тя / то)
  ② 허가 · 허락 여부 (무인칭 동사 = да 구문 주어가 문장 주어)

참고

| може의 사용법 |

① той / тя / то에 해당하는 능력 · 가능성의 의미: ~할 수 있다 / ~일 수 있다 (can)

| Той може да помогне на приятелите си. | 그는 자신의 친구들을 도울 수 있다. |
| Тя може ли да отиде на лекар сама? | 그녀는 혼자 진료받으러 갈 수 있나요? |
| Може да е грип. | 독감일 수 있습니다. |

② 인칭대명사에 상관없이 허가 · 허락의 의미: ~해도 된다 (may)

| Може ли да отида до тоалетната? | 화장실에 가도 될까요? |
| Може ли менюто, моля? | 메뉴판 좀 주시겠어요? |
| Не може да паркирате тук. | 여기에 주차하시면 안 됩니다. |
| Тук може да се пуши. | 여기에서 흡연할 수 있습니다. |

③ 부사로 쓰일 때: ~아마도 어쩌면 (maybe, perhaps)

| Може би той има нужда от помощ. | 어쩌면 그는 도움이 필요할지도 모른다. |

**меню** 메뉴, 메뉴판
**паркирам** 주차하다
**пуша** 흡연하다

**може би** 아마도 / 어쩌면
✚ **може** ① 능력·가능성: 할 수 있다 (can) ② 허가·허락: 해도 된다 (may / *무인칭 동사)

**Ви / ти** 당신에게 / 너에게
→ 수여격 인칭대명사
*수여격 인칭대명사:
15강 p.156~158 참고

| 관련 표현 |

| Мога ли да Ви / ти помогна? | 격식 도와드릴까요?<br>비격식 도와줄까? |
|---|---|

응용 Мога ли да Ви / ти помогна с нещо?    뭐 도와드릴 일이라도?
응용 С какво мога да Ви / ти помогна?    무엇을 도와드릴까요?
응용 Как да Ви / ти помогна?    어떻게 도와드릴까요?

УРОК 15

| Помогнете ми! | 격식 도와주세요! |
|---|---|
| Помогни ми! | 비격식 도와줘! |

Помогнете / Помогни ми да + 동사.    제가 ~하는 것을 도와주세요.
Моля за помощ.    도움을 부탁합니다. → 도와주세요.

**ми** 나에게
→ 수여격 인칭대명사
*수여격 인칭대명사:
15강 p.156~158 참고

**моля**
부탁하다, 제발 (please)

**помощ** 도움

⟨동사 활용 (불완료형 / 완료형)⟩

| 주격 인칭대명사 \ 동사 | 3식 / 1식<br>도움을 주다<br>(help) |
|---|---|
| аз | помагам / помогна |
| ти | помагаш / помогнеш |
| той / тя / то | помага / помогне |
| ние | помагаме / помогнем |
| Вие / вие | помагате / помогнете |
| те | помагат / помогнат |

> 참고
>
> помагам / помогна는 목적격 인칭대명사가 아닌 수여격 인칭대명사와 함께 사용되기 때문에 '~에게 도움을 주다'로 해석하는 것을 권장한다.

## Граматика

● 수여격

⟨수여격 인칭대명사⟩

수여격 단어미형은 '소유격 단어미형', 수여격 장어미형은 'на + 목적격 장어미형'과 동일하다.

| 수여격 \ 어미형 | 단어미형 | 장어미형 |
|---|---|---|
| 나에게 | ми | на мене (на мен) |
| 너에게 | ти | на тебе (на теб) |

✪구어체 на мен / на теб

Болят ме главата и гърлото.

| | | |
|---|---|---|
| 그에게 | му | на него |
| 그녀에게 | ѝ | на нея |
| 그것에게 | му | на него |
| 우리에게 | ни | на нас |
| 당신에게 / 너희들에게 | Ви / ви | на Вас / на вас |
| 그들에게 | им | на тях |

⟨수여격 재귀대명사⟩

| 수여격 | 어미형 | 단어미형 | 장어미형 |
|---|---|---|---|
| 자기 자신에게 | | си | на себе си |

일반동사 говоря 말하다

Понякога си говоря сам(а). = Понякога говоря сам(а) на себе си.
나는 가끔 혼잣말을 한다.

⟨수여격 인칭대명사 및 재귀대명사의 어순⟩

| 수여격 단어미형 어순 | 수여격 장어미형 어순 |
|---|---|
| 주어 + 단어미형 + 동사 = 동사 + 단어미형 | 유동적 |
| Аз ти давам книгата. = Давам ти книгата. 나는 네게 책을 주고 있다. | (на теб) аз (на теб) давам (на теб) книгата (на теб). 나는 너에게 책을 준다. |
| не / 접속사 + 단어미형 + 동사 | 전치사 + 장어미형 |
| не ти давам книгата / , но ти давам книгата 네게 책을 주지 않는다. / 네게 책을 주지만 | на теб 너에게 |

⟨수여격 인칭대명사 및 재귀대명사의 강조 용법⟩

| 단어미형이 사용되는 문장 | < | 장어미형이 사용되는 문장* | < | 단어미형과 장어미형이 모두 사용되는 문장* |
|---|---|---|---|---|

⟨소유격, 목적격, 수여격 비교⟩

| 소유격, 수여격, 목적격이 모두 사용되는 문장: 수여격 + 목적격 (고정 어순) |
|---|
| Всеки ден майка ти ти се обажда. 매일 너의 어머니가 너에게 전화를 하신다. |

○ 장어미형의 위치가 선행될수록 강조된다.

🔵 обаждам се /
🔴 се обадя
전화하다 (call)

УРОК 15

〈목적격과 수여격 재귀대명사의 용법〉

| 목적격 재귀대명사 се 활용 | 수여격 재귀대명사 си 활용 |
|---|---|
| 재귀 자기 자신을, 스스로 | 재귀 자기 자신에게, 스스로 |
| обличам / облека<br>입다, 입히다 (put on) | купувам / купя<br>사다, 구입하다 (buy) |
| обличам / облека + 옷 / 사람<br>옷을 입다. / ~를 옷 입히다. | купувам / купя + 물건 за 사람<br>물건을 ~를 위해서 사다 |
| се обличам / се облека<br>(스스로 옷을) 입다. | си купувам / си купя<br>(스스로에게) 사주다. |

| 상호 서로를 ~하다 |||
|---|---|---|
| (주어가 복수형 인칭 ние / вие / те인 경우) |||
| запознавам / запозная ~와 알게 되다 (acquaint) |||
| запознаваме се<br>/ се запознаем | запознавате се<br>/ се запознаете | запознават се<br>/ се запознат |
| (우리가 / 너희들이 / 그들이) 서로를 알고 있다 |||

| 상호 서로에게 ~하다 |||
|---|---|---|
| (주어가 복수형 인칭 ние / вие / те인 경우) |||
| говоря 말하다 (speak) |||
| си говорим | си говорите | си говорят |
| (우리가 / 너희들이 / 그들이) 서로에게 말하다 |||

| 상호 ~하게 되다 |
|---|
| казвам 말하다 → се казвам (이름이) ~라고 불리다 |

〈목적격과 수여격 인칭대명사를 해석과 다르게 사용하는 일반동사〉

| 목적격 인칭대명사를 사용하는 일반동사 | 수여격 인칭대명사를 사용하는 일반동사 |
|---|---|
| питам 물어보다 (ask)<br>→ Питам те. 너에게 물어볼게. | помагам / помогна 돕다, 도와주다 (help)<br>→ Помагам / Помогна ти. 너를 도와주다. |
| моля 부탁하다 (ask, beg), 제발 (please)<br>→ Моля те. 너에게 부탁할게, 제발. | липсвам 부족하다, 그리워하다 (miss)<br>→ Липсваш ми. 네가 보고싶어. |

*Липсваш ми. 표현: 16강 p.166 참고

Болят ме главата и гърлото.

## Упражнения

**1** 다음 빈칸에 들어갈 알맞은 단어를 기입하시오.

| 목적격 인칭대명사 | 단어미형 | 장어미형 |
|---|---|---|
| 나를 | | |
| 너를 | | |
| 그를 | | |
| 그녀를 | | |
| 그것을 | | |
| 우리를 | | |
| 당신을 / 너희들을 | | |
| 그들을 | | |
| 자기 자신을 | | |

**2** 다음 빈칸에 들어갈 알맞은 단어를 기입하시오.

| 수여격 인칭대명사 | 단어미형 | 장어미형 |
|---|---|---|
| 나에게 | | |
| 너에게 | | |
| 그에게 | | |
| 그녀에게 | | |
| 그것에게 | | |
| 우리에게 | | |
| 당신에게 / 너희들에게 | | |
| 그들에게 | | |
| 자기 자신에게 | | |

УРОК 15

③ 다음 빈칸에 들어갈 수 있는 일반동사를 고르시오.

--------------------------------
_____ добре!     기분이 / 몸 컨디션이 좋아요!
--------------------------------

① гледам          ② изглеждам        ③ изгледам
④ чувствам        ⑤ чувствам се      ⑥ се чувствам


④ 다음 빈칸에 알맞은 대명사의 단어미형을 기입하시오.

1  언제부터 당신은 / 너는 아팠나요?

   → Откога _____ / _____ боли? (격식 / 비격식)

2  저는 어제부터 눈이 아파요.

   → От вчера _____ болят очите.

3  저를 도와주세요!

   → Моля, помогнете / помогни _____! (격식 / 비격식)

4  도움을 주셔서 (당신께 / 너에게) 정말 감사합니다.

   → Благодаря _____ / _____ много за помощта. (격식 / 비격식)

5  А: 연필 / 책 / 잡지 / 열쇠들은 어디에 있나요?
   Б: 그것은 여기 있습니다.

   → А: Къде е моливът / книгата / списанието / ключовете?

     Б: Ето _____ / _____ / _____ / _____.

Болят ме главата и гърлото.

**5** 다음 빈칸에 들어갈 알맞은 대명사의 단어미형과 장어미형을 기입하시오.

1 당신이 / 네가 혼잣말하는 것

→ да _____ говорите / говориш сам.

= да говорите / говориш сам _____. (남)

2 당신은 / 너는 자기 자신을 사랑해야 한다.

→ Трябва да _____ обичате / обичаш.

= Трябва да обичате / обичаш _____.

**6** 다음을 작문하시오.

1 들어가도 될까요? (May I come in?)

→ _____

2 창문들을 열어도 될까요? (May I open the windows?)

→ _____

---

불 **влизам** /
완 **вляза**
들어가다 (go in)

불 **излизам** /
완 **изляза**
나가다 (go out)

불 **отварям** /
완 **отворя**
열다 (open)

불 **затварям** /
완 **затворя**
닫다 (close)

# УРОК 16

호불호와 취미  쉬는 날에 뭐 하는 걸 좋아하세요?

## Какво обичате да правите през почивните дни?

### Диалог 🎧 16-1

А: Какво обичате да правите през почивните дни?

Б: Обичам да съм вкъщи. Обикновено се събуждам късно и след това гледам телевизия или чета книги.

А: А аз предпочитам да излизам с приятелите си и да играем футбол, защото не обичам да си стоя сам вкъщи.

Б: А Вие обичате ли да готвите? Аз обичам да готвя, затова прекарвам много време в кухнята.

А: Всъщност не мога да готвя. Често закусвам, обядвам и вечерям навън.

Б: Хмм, нашите хобита са много различни.

А: 쉬는 날에 뭐 하는 걸 좋아하세요?
Б: 집에 있는 걸 좋아해요. 보통 늦게 일어난 다음에 텔레비전을 보거나 책을 읽죠.
А: 전 집에 혼자 있는 걸 안 좋아해서 친구들이랑 놀러나가고 축구하는 것을 선호해요.
Б: 그럼 요리하는 건 좋아하세요? 저는 요리하는 걸 좋아해서 부엌에서 보내는 시간이 많아요.
А: 사실 저는 요리를 못해요. 자주 밖에서 아침, 점심 그리고 저녁을 먹어요.
Б: 흠, 우리 취미가 많이 다르네요.

*격식체 회화

### Думи

**обичам**
사랑하다, 좋아하다 (love, like)

**(불) събуждам се /**
**(완) се събудя**
잠에서 깨다 (wake up)

**късно**  늦게 (late)

**след това**
그런 다음에 (then)

**гледам**
보다 (watch, look)

**телевизия**  텔레비전 (tv)

**чета**  읽다 (read)

**(불) предпочитам /**
**(완) предпочета**
선호하다 (prefer)

**(불) излизам /**
**(완) изляза**
나가다 (go out)

**играя**
게임, 운동 등을 하다 (play)

**футбол**  축구 (football)

**стоя**  서다, 서 있다 (stand)

**готвя**  요리하다, 준비하다

**(불) прекарвам /**
**(완) прекарам**
(시간을) 보내다 (spend)

**кухня**  부엌

**всъщност**
사실은 (actually)

Какво обичате да правите през почивните дни?

## Изрази 🎧 16-2

- 🔊 **закусвам** /
- ✍ **закуся**
아침식사를 하다
(have a breakfast)

**обядвам** 점심식사를 하다
(have a lunch)

**вечерям** 저녁식사를 하다
(have a dinner)

**навън** 밖에, 밖에서, 밖으로(outside)

**хмм** 흠(hmm)(감탄사)

**хоби** 취미(hobby)

[**различен** –
**различна** –
**различно** –
**различни**]
다른(different)

**различни**
다양한(various)

❶ 호불호

〔질문〕

| Обичате ли _____ ? | 격식 ~를 사랑하세요? / 좋아하세요? |

응용 **Обичате ли да + 동사?**   ~하는 것을 사랑하세요? / 좋아하세요?

〔답변〕

| Обичам _____ . | ~를 사랑합니다. / 좋아합니다. |

응용 **Обичам да + 동사.**   ~하는 것을 사랑합니다. / 좋아합니다.

| Не обичам _____ . | ~를 사랑하지 않습니다. / 좋아하지 않습니다. |

응용 **Не обичам да + 동사.**   ~하는 것을 사랑하지 않습니다. / 좋아하지 않습니다.

〈동사 활용〉

| 주격<br>인칭대명사 \ 동사 | 3식<br>сhantra, чwahr<br>사랑하다, 좋아하다<br>(love) |
|---|---|
| аз | обичам |
| ти | обичаш |
| той / тя / то | обича |
| ние | обичаме |
| Вие / вие | обичате |
| те | обичат |

❋обичам да + съм 동사 /
불완료형 일반동사

163

## УРОК 16

질문

| Харесвате ли _____? | 격식 ~를 좋아하세요? |

응용 **Харесва / Харесват ли Ви(ти) + 단수 명사 / 복수 명사?**
~가 마음에 드세요?(마음에 드니?)

응용 **Харесва ли Ви(ти) да + 동사?**
~하는 것이 마음에 드세요?(마음에 드니?)

답변

| Харесвам _____. | ~를 좋아합니다. |

응용 **Не ми харесва / харесват + 단수 명사 / 복수 명사.**
~가 마음에 들어요.

응용 **Не ми харесва да + 동사.**
~하는 것이 마음에 들어요.

| Не харесвам _____. | ~를 좋아하지 않습니다. |

응용 **Не ми харсва / харесват + 단수 명사 / 복수 명사.**
~가 마음에 들지 않아요.

응용 **Не ми харсва да + 동사.**
~하는 것이 마음에 들지 않아요.

○ харесва / харесват + 수여격 + да + съм동사 / 불완료형 일반동사

〈동사 활용 (불완료형 / 완료형)〉

| 주격 인칭대명사 \ 동사 | 3식 / 3식<br>좋아하다, 마음에 들다<br>(like) |
|---|---|
| аз | харесвам / харесам |
| ти | харесваш / харесаш |
| той / тя / то | харесва / хареса |
| ние | харесваме / харесаме |
| Вие / вие | харесвате / харесате |
| те | харесват / харесат |

Какво обичате да правите през почивните дни?

| 질문 | | |
|---|---|---|
| Какво предпочитате? | 격식 | 어떤 걸 선호하세요? |

- 응용 Какво обичате?  어떤 걸 좋아하세요?
- 응용 Какво искате?  어떤 걸 원하세요?
- 응용 Какво желаете?  어떤 걸 바라세요?

| 답변 | |
|---|---|
| Предпочитам _____. | ~를 선호합니다. |

**пред** ~앞에(in front of)
**отколкото** ~보다는(rather than)
**повече** 더욱(more)

- 응용 Предпочитам + 명사1, пред + 명사2.
  명사2보다 명사1을 선호한다.
- 응용 Предпочитам + да 동사1, отколкото + да 동사2.
  동사2보다는 동사1을 선호한다.
- 응용 Обичам + (명사1) + повече от + 명사2.
  명사2보다 명사1을 더 사랑한다. / 좋아한다.
- 응용 Обичам + (да 동사1) + повече, отколкото + да 동사2.
  동사2보다는 동사1을 더 사랑한다. / 좋아한다.

〈동사 활용 (불완료형 / 완료형)〉

| 주격 인칭대명사 \ 동사 | 3식 / 1식<br>선호하다<br>(prefer) | 1식<br>바라다<br>(wish) |
|---|---|---|
| аз | предпочитам / предпочета | желая |
| ти | предпочиташ / предпочетеш | желаеш |
| той / тя / то | предпочита / предпочете | желае |
| ние | предпочитаме / предпочетем | желаем |
| Вие / вие | предпочитате / предпочетете | желаете |
| те | предпочитат / предпочетат | желаят |

| 관련 표현 |

| ако обичате | 격식 | 괜찮으시다면 (부탁드려요.) |
|---|---|---|
| ако обичаш | 비격식 | 괜찮다면 (부탁해.) |

УРОК **16**

| Обичам те. | 널 사랑해. |
|---|---|
| Харесвам те. | 널 좋아해. |
| Мразя те. | 널 싫어해. |

응용 Не те обичам / харесвам / мразя.　　사랑/좋아/싫어하지 않아.

응용 Много те обичам / харесвам / мразя.　　매우 사랑/좋아/싫어해.

| Влюбен / Влюбена съм в ＿＿＿. | ~와 사랑에 빠졌어요. (남/여) |
|---|---|
| Липсваш ми. | 보고 싶어. |

Ти ми липсваш. = Липсваш ми.　　네가 나에게 없어. → 네가 보고 싶어.

〈동사 활용 (불완료형 / 완료형)〉

| 주격 인칭대명사 \ 동사 | 2식<br>싫어하다<br>(hate) | 3식<br>~가 없다, 부족하다, 놓치다, 그리워하다<br>(missing, lack) |
|---|---|---|
| аз | мразя | липсвам |
| ти | мразиш | липсваш |
| той / тя / то | мрази | липсва |
| ние | мразим | липсваме |
| Вие / вие | мразите | липсвате |
| те | мразят | липсват |

**любов** 사랑

**[любим – любима – любимо – любими]**
사랑하는, 좋아하는

**влюбвам се / се влюбя** 사랑에 빠지다

**[влюбен
– влюбена
– влюбено
– влюбени]**
사랑에 빠진

### 2 취미

질문

| Какво обичате да правите през почивните дни? | 격식 쉬는 날에 뭐 하는 걸 좋아하세요? |
|---|---|

답변

| Обичам да ＿＿＿. | ~하는 것을 좋아합니다. |
|---|---|

●обичам да + съм 동사 /
불완료형 일반동사

166

Какво обичате да правите през почивните дни?

**закуска**
아침식사 (breakfast)

**обяд** 점심식사 (lunch)

**вечеря** 저녁식사 (dinner)

〈동사 활용 (불완료형 / 완료형)〉

| | | | |
|---|---|---|---|
| правя | 하다, 만들다 | събуждам се / се събудя | 잠에서 깨다 (wake up) |
| готвя | 요리하다, 준비하다 (cook, prepare) | ставам / стана | 일어나다, ~가 되다 (get up, become) |
| ям | 먹다 (eat) | спя | 잠을 자다 (sleep) |
| закусвам / закуся | 아침식사를 하다 | лягам си / си легна | 자러 가다 (go to bed) |
| обядвам | 점심식사를 하다 | мия (се) | (~를) 씻다 (wash) |
| вечерям | 저녁식사를 하다 | чистя | 청소하다 (clean) |
| пия | 마시다 (drink) | обличам (се) / (се) облека | (옷을) 입다 (put on) |
| чета | 읽다 (read) | събличам (се) / (се) съблека | (옷을) 벗다 (take off) |
| пиша | 쓰다 (write) | казвам / кажа | 말하다 (say, tell) |
| уча | 공부하다 (study) | говоря | 말하다 (speak, talk) |
| работя | 일하다 (work) | виждам / видя | 보다 (see) |
| играя | 게임하다 (play) | гледам | 보다 (watch, look) |
| свиря на | 연주하다 (play) | чувам / чуя | 듣다 (hear) |
| пея | 노래하다 (sing) | слушам | 듣다 (listen) |
| танцувам | 춤추다 (dance) | влизам / вляза | 들어가다 (go in) |
| рисувам | 그림을 그리다 (draw) | излизам / изляза | 나가다 (go out) |

УРОК 16

# Граматика

● 일반동사의 1식, 2식, 3식 형태 변화 유형 구분법

불완료형과 완료형에 상관없이 주격 인칭대명사 аз에 따른 어미 형태로 유형을 구분한다.

| 일반동사의 어미 형태 | | |
|---|---|---|
| 1식 | 2식 | 3식 |
| -а / -я | -а / -я | -ам / -ям |

| [자음] + а | [자음] + я | |
|---|---|---|
| [ а / е / и / у ] + я | [ о ] + я | + ам / ям |
| [ ж / ч / ш ] + а | [ ж / ч / ш ] + а | |

**참고**

[ ж / ч / ш ] + а의 경우, 별도의 규칙이나 구분법이 없으며 학습과 암기를 통해 익히도록 한다.

### 1식 예시

- стана, си легна, (се) облека, (се) съблека, чета, вляза, изляза, сляза, отида, дойда, мога, спра 등
- играя, пея, пия, мия (се), чуя 등
- кажа, продължа, плача, пиша 등

*예외: ям, дам

### 2식 예시

- ходя, видя, се събудя, спя, чистя, говоря, отговоря, отворя, затворя, правя, готвя, работя, закуся 등
- стоя, броя 등
- лежа, уча, получа, (се) known, реша, завърша, свърша 등

### 3식 예시

- имам, нямам, давам, получавам, отивам, идвам, влизам, излизам, слизам, казвам, виждам, гледам, чувам, слушам, събуждам се, ставам, лягам си, обличам (се), събличам (се), качвам (се), решавам, започвам, продължавам, спирам, завършвам, свършвам, закусвам, обядвам 등
- отговарям, отварям, затварям, вечерям 등

○ ям과 дам는 예전의 형태인 яда와 дада를 따라서 1식에 해당하는 일반동사로 분류한다.

🇧🇬 **продължавам /**
🇰🇷 **продължа**
계속하다 (continue)

**плача** 울다 (cry)

**лежа**
눕다, 누워있다 (lie, recline)

🇧🇬 **решавам /**
🇰🇷 **реша** 결정하다 (decide)

🇧🇬 **спирам /**
🇰🇷 **спра** 멈추다 (stop)

- **일반동사의 1식, 2식, 3식 형태 변화 유형**

| 주격 인칭대명사 \ 일반동사 어미 형태 | 1식 | | 2식 | | 3식 | |
|---|---|---|---|---|---|---|
| аз | -а / -я | | -а / -я | | -ам / -ям | |
| | ↓ | | ↓ | | ↓ | |
| | -а 제거 | -я 제거 | -а 제거 | -я 제거 | -ам 제거 | -ям 제거 |
| | + | | + | | + | |
| ти | -еш | | -иш | | -аш | -яш |
| той / тя / то | -е | | -и | | -а | -я |
| ние | -ем | | -им | | -аме | -яме |
| Вие / вие | -ете | | -ите | | -ате | -яте |
| те | -ат | -ят | -ат | -ят | -ат | -ят |

⟨예시⟩

| 주격 인칭대명사 \ 동사 | 1식 읽다 (read) | 1식 살다 (live) | 2식 공부하다 (study) | 2식 일하다 (work) | 3식 있다 (have) | 3식 열다 (open) |
|---|---|---|---|---|---|---|
| аз | чета | живея | уча | работя | имам | отварям |
| ти | четеш | живееш | учиш | работиш | имаш | отваряш |
| той / тя / то | чете | живее | учи | работи | има | отваря |
| ние | четем | живеем | учим | работим | имаме | отваряме |
| Вие / вие | четете | живеете | учите | работите | имате | отваряте |
| те | четат | живеят | учат | работят | имат | отварят |

## УРОК 16

⟨예외⟩

| 주격 인칭대명사 \ 동사 | 1식 먹다 (eat) | 1식 주다 (give) | 1식 할 수 있다 (can) | 1식 옷을 입다 (put on clothes) | 1식 들어가다 (go in) |
|---|---|---|---|---|---|
| аз | ям | дам | мога | (се) облека | вляза |
| ти | ядеш | дадеш | можеш | (се) облечеш | влезеш |
| той / тя / то | яде | даде | може | (се) облече | влезе |
| ние | ядем | дадем | можем | (се) облечем | влезем |
| Вие / вие | ядете | дадете | можете | (се) облечете | влезете |
| те | ядат | дадат | могат | (се) облекат | влязат |

*-за 유형 (вляза 들어가다, излязa 나가다, сляза 내려가다) 형태 변화 동일

*-ка 유형 (се облека 입다, се съблека 벗다) 형태 변화 동일

| 관련 단어 |

| гледам | 보다 |
|---|---|
| слушам | 듣다 |
| пиша | 쓰다 |

+

| филм | 영화 |
|---|---|
| телевизия | 텔레비전 |
| музика | 음악 |
| радио | 라디오 |
| писмо | 편지 |
| имейл | 이메일 |

**телевизор**
텔레비전 기기 (tv set)

⟨취미⟩ 단 **хоби** – 복 **хобита** (hobby – hobbies)

| танц | 춤 | песен | 노래 | картина | 그림 |
|---|---|---|---|---|---|

⟨스포츠⟩ 단 **спорт** – 복 **спортове** (sport – sports)

| футбол | 축구 | тенис | 테니스 |
|---|---|---|---|
| бейзбол | 야구 | плуване | 수영 |
| баскетбол | 농구 | балет | 발레 |
| волейбол | 배구 | художествена гимнастика | 리듬체조 |

⟨게임⟩ 단 **игра** – 복 **игри** (game – games)

| компютърни / мобилни / онлайн игри | 컴퓨터 / 모바일 / 온라인 게임 |

⟨악기⟩ 단 **музикален инструмент** – 복 **музикални инструменти**
(musical instrument – musical instruments)

| пиано | 피아노 | флейта | 플루트 |
|---|---|---|---|
| цигулка | 바이올린 | китара | 기타 |
| виолончело | 첼로 | арфа | 하프 |

● 동명사

현재형 외에 아오리스트 과거형의 어간을 통해 만들기도 하며 불완료형 동사를 사용한다.

| -а로 끝나는 동사 | -я로 끝나는 동사 | -ам / -ям으로 끝나는 동사 |
|---|---|---|
| -а 제거 → + ене 삽입 | -я 제거 → + ене 삽입 | -м 제거 → + не 삽입 |
| чета → четене<br>읽다 → 읽기, 읽는 것<br>(read → reading) | пея → пеене<br>노래하다 → 노래하기,<br>노래하는 것<br>(sing → singing) | плувам → плуване<br>수영하다 → 수영, 수영하는 것<br>(swim → swimming)<br>отварям → отваряне<br>열다 → 열기, 여는 것<br>(open → opening) |

⟨예외⟩ пиша → писане 쓰다 → 쓰기, 쓰는 것 (write → writing)

*아오리스트 과거시제:
20강 p.209~213 참고

## УРОК 16

## Упражнения

**1** 다음 빈칸에 들어갈 일반동사와 형태 유형 및 변화를 기입하시오.

| | | |
|---|---|---|
| Обичам да + | _____ филми. | 영화 보는 것을 좋아해요. |
| | _____ музика. | 음악 듣는 것을 좋아해요. |
| | _____ вестници. | 신문 읽는 것을 좋아해요. |
| | _____ писма. | 편지 쓰는 것을 좋아해요. |
| | _____ тенис. | 테니스 치는 것을 좋아해요. |
| | _____ на пиано. | 피아노 연주하는 것을 좋아해요. |
| | _____ на фитнес. | 헬스장 다니는 것을 좋아해요. |
| | _____ чужди езици. | 외국어 공부하는 것을 좋아해요. |

| 주격 인칭대명사 \ 동사 | ____식 보다 (watch, look) | ____식 듣다 (listen) | ____식 읽다 (read) | ____식 쓰다 (write) |
|---|---|---|---|---|
| аз | | | | |
| ти | | | | |
| той / тя / то | | | | |
| ние | | | | |
| Вие / вие | | | | |
| те | | | | |

| 주격 인칭대명사 \ 동사 | ____식 게임/스포츠를 하다 (play) | ____식 연주하다 (play) | ____식 다니다, 가다 (go) | ____식 공부하다 (study) |
|---|---|---|---|---|
| аз | | | | |
| ти | | | | |
| той / тя / то | | | | |
| ние | | | | |
| Вие / вие | | | | |
| те | | | | |

**фитнес**
헬스장, 휘트니스 센터
(fitness center)

**[чужд – чужда – чуждо – чужди]**
외국의, 해외의 (foreign)

Какво обичате да правите през почивните дни?

**② 다음 문장의 빈칸에 들어갈 알맞은 단어를 고르시오.**

> Има много _____ видове любов. Матри разнообразно разновидно сараменко илиск.

① различен  ② различна  ③ различно  ④ различни
⑤ друг     ⑥ друга     ⑦ друго     ⑧ други

**단 вид – 복 видове**
유형, 종류 (type – types)

**③ 다음 대화의 빈칸에 들어갈 알맞은 일반동사를 기입하시오.**

> А: Какво _____ да правите през свободното си време?
> 쉬는 동안에 뭐 하는 걸 좋아하세요? (격식)
>
> Да си _____ вкъщи или да _____ навън?
> 집에 있는 것 아니면 밖에 나가는 것? (격식)
>
> Б: Аз винаги _____ да много време със семейството си у дома.
> 저는 항상 집에서 가족과 함께 많은 시간 보내는 것을 선호해요.

[свободен – свободна – свободно – свободни]
자유로운, 한가한 (free)

**④ 다음 빈칸에 들어갈 알맞은 일반동사를 기입하시오.**

1 난 매일 아침 "굿모닝"이라고 말한다.
  → Всяка сутрин, _____ „Добро утро".

2 난 가끔 친구들과 내가 제일 좋아하는 취미에 대해서 이야기한다.
  → Понякога _____ с приятелите си за любимото си хоби.

3 집 안에 특별한 게 아무것도 안 보여요.
  → Не _____ нищо особено вътре в къщата.

4 이 경기가 너무 보고 싶어요.
  → Много искам да _____ този мач.

5 여보세요, (제 말이) 들리세요?  → Ало, _____ ли ме? (격식)

6 (당신/너의 말을) 듣고 있어요.  → _____ Ви / те.

[особен – особена – особено – особени]
특별한 (special)

**вътре**
안으로, 안에(서) (inside)

**мач** 경기 (match)

# УРОК 17

전화 통화와 약속 — 우리 내일 봐요!

# Ще се видим утре!

## Диалог  🎧 17-1

А: Ало? Здравей, Лия!

Б: Здравей, Петре! Свободен ли си тази вечер? Хайде да се срещнем и да пазаруваме заедно!

А: Извинявай, но довечера съм зает – ами утре можеш ли?

Б: Добре, ще трябва да си купя няколко дрехи за партито. Ще дойдеш на партито, нали?

А: Партито за рождения ден на Иван? Няма да ходя.

Б: Защо? Хайде! Ще бъде много забавно.

А: Ами, утре ще говорим за това повече. Къде ще се срещнем?

Б: Ще се видим пред университета в 12 и половина. Ще ти се обадя пак. Дочуване!

А: 여보세요? 안녕, 리야!
Б: 안녕, 뻬떠르! 오늘 저녁에 시간 돼? 만나서 같이 쇼핑하러 가자!
А: 미안, 오늘 저녁은 바빠. 내일은 어때?
Б: 그래, 나 파티에서 입을 옷 좀 사야 돼. 너도 파티에 갈 거지?
А: 이반의 생일 파티? 난 거기 안 갈 거야.
Б: 뭐라고? 가자! 엄청 재미있을 거야.
А: 글쎄, 내일 더 이야기하자. 어디서 만날까?
Б: 대학교 앞에서 12시 반에 보자. 다시 전화할게, 안녕!

*비격식체 회화

### Думи

**Ало.** 여보세요.(Hello.)

**[свободен – свободна – свободно – свободни]** 자유로운, 한가한(free)

**тази вечер = довечера** 오늘 저녁(tonight)

**Хайде да ~.** 우리 ~하자.(Let's ~.)(비격식)

🇧 **срещам (се) /** 🇰 **(се) срещна** 만나다(meet)

**пазарувам** 쇼핑하다(go shopping)

**заедно** 같이(together)

**[зает – заета – заето – заети]** 바쁜(busy)

**ще** ~할 것이다(will)

🇧 **купувам /** 🇰 **купя** 사다(buy)

**няколко** 몇몇의, 어떤(some)

🇧 **дреха –** 🇰 **дрехи** 옷(clothes)

**парти** 파티(party)

**няма да** ~하지 않을 것이다(won't)

**ще бъда → бъде** ~할 것이다(will be)

Ще се видим утре!

[забавен – забавна – забавно – забавни]
재미있는, 웃긴(fun)

**ами** 음, 글쎄, 그러면 ...
(well, but, what about ... )(감탄사)

🚫 **обаждам се /**
🇰🇷 **се обадя** 전화하다(call)

**Дочуване.** (전화상으로)
안녕히 계세요, 안녕히 가세요,
안녕(Bye.)

## Изрази  🎧 17-2

### 1 전화 통화

| Ало, | 여보세요? (Hello) |
|---|---|
| Дочуване. | (전화상으로) 안녕히 계(가)세요. / 안녕. (I'd better go. Bye.) |

> 참고 💡

Дочуване = до + чуване = '다시 (전화로 목소리) 들을 때까지 (안녕)'이라는 의미를 담고 있다.

> 참고 💡

| (мобилен) телефон | 전화기 / 휴대폰 |
|---|---|
| телефонен номер | 전화번호 |
| (телефонно) обаждане | 전화 통화 |

응용 (телефонно) обаждане от ~.   ~로부터 걸려온 전화 통화

| 관련 표현 |

| по телефона | 전화상으로 |
|---|---|

응용 говоря по телефона   전화로 이야기하다

[мобилен –
мобилна –
мобилно –
мобилни] 모바일의

[телефонен –
телефонна –
телефонно –
телефонни] 휴대폰의

> 질문

| Кой се обажда? | 전화하신 분이 누구시죠? |
|---|---|

> 답변

| _____ съм. | ~예요. / |
|---|---|
| Обажда се _____ . | (지금 전화하고 있는 사람이) ~입니다. |

응용 **Обаждам се от +** 장소.   ~에서 전화하고 있습니다. / 전화드렸습니다.
응용 **Обаждам се за +** 명사 / **да +** 동사.   ~관해서 / ~하려고 전화드렸습니다.

175

## УРОК 17

### 〈동사 활용 (불완료형 / 완료형)〉

| 주격<br>인칭대명사 \ 동사 | 3식 / 2식<br>전화를 하다<br>(call) |
|---|---|
| аз | обаждам се / се обадя |
| ти | обаждаш се / се обадиш |
| той / тя / то | обажда се / се обади |
| ние | обаждаме се / се обадим |
| Вие / вие | обаждате се / се обадите |
| те | обаждат се / се обадят |

| 관련 표현 |

| обаждам се / се обадя (по телефона) | 전화를 하다 (call on the phone) |
|---|---|

| Обаждам се / се обадя на + 사람. | ~에게 전화하다 |
|---|---|
| Обаждам се / се обадя в + 장소. | ~에 전화하다 |

| Ще Ви се обадя. | 격식 당신에게 전화할게요. |
|---|---|
| Ще ти се обадя. | 비격식 너에게 전화할게. |

| вдигам / вдигна телефона | 수화기를 들다, 전화를 받다 |
|---|---|
| получавам / получа<br>(телефонно) обаждане | 전화를 받다 |
| затварям / затворя телефона | 전화를 끊다 |

✚ще + се обадя = 미래시제
  조동사 + 완료형 일반동사
*미래시제: 17강 p.180 참고

불 **вдигам /**
완 **вдигна** 들어올리다 (lift)

불 **получавам /**
완 **получа** 받다 (receive)

불 **затварям /**
완 **затворя** 닫다 (close)

Ще се видим утре!

**불 включвам /**
**완 включа** 켜다

**불 изключвам /**
**완 изключа** 끄다

**불 звъня /**
**완 звънна**
울리다, 전화를 하다(ring)

**звук** 소리(sound)

| включвам / включа телефона | 전화기를 켜다 |
|---|---|
| изключвам / изключа телефона | 전화기를 끄다 |

| Телефонът звъни. | 전화가 울리다. |
|---|---|

| Имате грешка. | 격식 (전화) 잘못 거셨어요. |
|---|---|

Имам грешка.  실수가 있다.
правя грешка  실수를 하고 있다 / (반복해서) 하다
направя грешка  실수를 (한 번) 하다

### 2 약속

질문

| 남 | Свободен ли сте _____? | 격식 ~에 시간 되시나요? |
| 여 | Свободна ли сте _____? | |

| 남 | Зает ли сте _____? | 격식 ~에 바쁘세요? |
| 여 | Заета ли сте _____? | |

| | Какво ще правите _____? | 격식 ~에 뭐 하실 건가요? |

답변

| 남 | Да, свободен съм _____. | 네, ~에 한가해요. / 시간이 돼요. |
| 여 | Да, свободна съм _____. | |

| 남 | Не, зает съм _____. | 아니요, ~에 바빠요. |
| 여 | Не, заета съм _____. | |

**단 среща – 복 срещи**
약속, 미팅, 만남, 회의, 데이트

УРОК 17

〈동사 활용 (불완료형 / 완료형)〉

| 주격 인칭대명사 \ 동사 | 3식 / 1식<br>마주치다, 만나다<br>(meet) |
|---|---|
| аз | срещам (се) / (се) срещна |
| ти | срещаш (се) / (се) срещнеш |
| той / тя / то | среща (се) / (се) срещне |
| ние | срещаме (се) / (се) срещнем |
| Вие / вие | срещате (се) / (се) срещнете |
| те | срещат (се) / (се) срещнат |

| 관련 표현 |

| Ще се видим _____. | 우리 ~에(서) 봐요. (We'll see ~.) |
|---|---|
| Ще се срещнем _____. | 우리 ~에(서) 만나요. (We'll meet ~.) |

○ ще + се видим / се срещнем = 미래시제 조동사 + 완료형 일반동사
*미래시제: 17강 p.180 참고

일반동사의 주어가 복수형(ние / вие / те)일 때, 재귀대명사 се의 상호 용법
→ 서로 ~하다

| виждам / видя | (의지 없이) 보다, 보이다 |
|---|---|

виждаме се / се видим, виждате се / се видите, виждате се / се видят
우리가, 너희들이, 그들이 서로 (의지를 가지고) 보다

| срещам / срещна | (우연히) 만나다, 마주치다 |
|---|---|

срещаме се / се срещнем, срещате се / се срещнете, срещат се / се срещнат
우리가, 너희들이, 그들이 서로 (약속을 정하고) 만나다

| Хайде! | 자! / 어서! / 가자! |
|---|---|
| Хайде да _____! | ~하자! |

'Хайде!'는 상황이나 문맥에 따라 다양하게 해석할 수 있는 표현이다.

Ще се видим утре!

| Нека ............... . | ~하게 하다. / ~하도록 두다. |
|---|---|
| Нека да ............... . | ~합시다. |

**представям / представя** 소개시키다
→ **представям се / се представя** (스스로를) 소개하다

응용 Нека се представя.　　　　제 소개를 하겠습니다.

| Какво ще кажете ............... ? | 격식 ~는 어떠세요? |
|---|---|
| Какво ще кажеш ............... ? | 비격식 ~는 어때? |

응용 Какво ще кажете / кажеш за ~?　~에 관해서 어떠세요? / 어때?
응용 Какво ще кажете / кажеш да ~?　~하는 건 어떠세요? / 어때?

179

УРОК 17

# Граматика

● 미래시제

미래시제에는 긍정형 조동사 'ще' 또는 부정형 조동사 'няма да'가 사용된다. 미래시제 조동사 'ще'와 'няма да'는 인칭 변화를 하지 않으며 '~할 것이다.' 또는 '~하지 않을 것이다.'라고 해석할 수 있다.

〈일반동사의 미래시제〉
미래시제 조동사 + 일반동사

| 일반동사의 미래시제 긍정 형태 | 일반동사의 미래시제 부정 형태 |
| --- | --- |
| ще + 일반동사 | няма да + 일반동사 |

참고

미래시제에는 주로 완료형 일반동사가 사용된다.

〈съм 동사의 미래시제〉
미래시제 조동사 + съм 동사의 미래시제 형태

| 주격 인칭대명사 \ 형태 | съм 동사의 미래시제 긍정 형태 | съм 동사의 미래시제 부정 형태 |
| --- | --- | --- |
| аз | ще бъда | няма да бъда |
| ти | ще бъдеш | няма да бъдеш |
| той / тя / то | ще бъде | няма да бъде |
| ние | ще бъдем | няма да бъдем |
| Вие / вие | ще бъдете | няма да бъдете |
| те | ще бъдат | няма да бъдат |

참고

ще / няма да + [ съм / си / е / е / е / сме / сте / са ]의 형태로도 사용된다.

| 관련 단어 |

| купувам / купя | 사다, 구입하다 (buy) | продавам / продам | 팔다, 판매하다 (sell) |
|---|---|---|---|
| плащам / платя | 지불하다 (pay) | пазарувам | 쇼핑하다 (go shopping) |

| обличам (се) / (се) облека | (옷을) 입다 | събличам (се) / (се) съблека | (옷을) 벗다 |
|---|---|---|---|
| обувам (се) / (се) обуя | (신발/양말을) 신다 | събувам (се) / (се) събуя | (신발/양말을) 벗다 |

〈의류〉 **облекло** (clothing)

| 단 дреха - 복 дрехи | 옷 | яке | 점퍼 재킷 |
|---|---|---|---|
| риза | 셔츠 | сако | 정장 재킷 |
| блуза | 블라우스 | палто | 코트 |
| тениска | 티셔츠 | костюм | 정장 |
| пуловер | 스웨터 | елек | 조끼 |
| панталон | 바지 | вратовръзка | 넥타이 |
| джинси / дънки | 청바지 | колан | 벨트, 허리띠 |
| пола | 치마 | чорапи | 양말 |
| рокля | 드레스 | чорапогащник | 스타킹 |
| шапка | 모자 | бельо | 속옷 |
| шал | 스카프, 목도리 | пижама | 잠옷 |
| 단 ръкавица - 복 ръкавици | 장갑 | халат / нощница | 가운, 로브 |

〈신발〉 단 **обувка** – 복 **обувки** (shoe – shoes)

| чехли / джапанки | 슬리퍼 / 플립플랍 | кецове | 운동화 / 스니커즈 |
|---|---|---|---|
| сандали | 샌들 | маратонки | 런닝화 |
| високи / ниски токчета | 높은 / 낮은 구두(힐) | ботуши / боти | 긴 / 짧은 부츠 |

УРОК 17

〈악세서리〉 단 **аксесоар** – 복 **аксесоари** (accessory – accessories)

| бижута | 주얼리, 장신구 | очила | 안경 |
| огърлица | 목걸이 | чадър | 우산 |
| обици | 귀걸이 | чанта | 가방 |
| пръстен | 반지 | лента за глава | 헤어밴드, 머리띠 |
| ръчен часовник | 손목시계 | ластик за коса | 머리끈 |

## Упражнения

**① 다음 빈칸에 들어갈 알맞은 표현을 기입하시오.**

1  여보세요. → _____

2  (전화상으로) 안녕히 계(가)세요. / 안녕. → _____

**② 다음을 작문하시오.**

1  내일 모레에 시간되세요? (Are you free the day after tomorrow?)

→ _____ (남) (격식)

2  토요일이나 일요일에 바빠? (Are you busy on Saturday or Sunday?)

→ _____ (여) (비격식)

3  다음주에 뭐 하세요? (What are you going to do next week?)

→ _____ (격식)

**③ 다음을 작문하시오.**

1  우리 내일 보자. (We'll see tomorrow.)

→ _____

2  나는 너에게 전화하지 않을 거야. (I won't call you.)

→ _____ (비격식)

УРОК 17

④ 다음 대화의 빈칸에 들어갈 알맞은 단어를 기입하시오.

> А: _____ ти кажа нещо важно.
>
>   네게 중요한 것을 말해줄게. (Let me tell you something important.)
>
> Б: Добре, _____ , кажи ми!
>
>   알았어, 자 어서, 내게 말해봐! (Okay, come on, tell me!)

[важен – важна – важно – важни]
중요한(important)

**Кажете! / Кажи!**
말씀하세요! / 말해봐!
(Say!, Tell!) (격식/비격식)

⑤ 다음 빈칸에 들어갈 알맞은 съм 동사의 미래시제를 기입하시오.

1 나는 여기 있을 거야. / 없을 거야.

  → Аз _____ / _____ тук.

2 너는 그녀와 사랑에 빠질 거야. / 빠지지 않을 거야.

  → Ти _____ / _____ влюбен в нея.

3 그는 좋은 남편이자 좋은 아버지가 될 것이다. / 될 수 없을 것이다.

  → Той _____ / _____ добър съпруг и баща.

4 그녀는 좋은 아내이자 좋은 어머니가 될 것이다. / 될 수 없을 것이다.

  → Тя _____ / _____ добра съпруга и майка.

5 (그것은/이것은) 흥미로울 거야. / 흥미롭지 않을 거야.

  → (То / Това) _____ / _____ интересно.

[интересен – интересна – интересно – интересни]
흥미로운, 재미있는 (interesting)

6 우리는 네 옆에 있을 거야. / 없을 거야.

  → Ние _____ / _____ до теб.

[тъжен – тъжна –
тъжно – тъжни]
슬픈(sad)

[щастлив –
щастлива –
щастливо –
щастливи]
행복한(happy)

7  당신은 나 없이 슬플 거야. / 슬프지 않을 거야.

→ Вие _____ / _____
тъжен без мен.

8  너희들은 나와 함께 더 행복해질 거야. / 행복해지지 않을 거야.

→ Вие _____ / _____
по-щастливи с мен.

9  그들은 자신의 아이들에게 가장 좋은 부모님이 될 거야. / 되지 못할 거야.

→ Те _____ / _____
най-добрите родители за своите деца.

### 6 다음 문장의 빈칸에 들어갈 알맞은 단어를 기입하시오.

> Моля, изключете мобилните си _____!
> 휴대폰을 꺼주세요!

**включвам /
включа** 켜다, 포함하다
(turn on, include)

**изключвам /
изключа** 끄다, 제외하다
(turn off, exclude)

**Изключете! /
Изключи!** 꺼놓으세요! /
꺼놔!(Turn off!) (격식/비격식)

# УРОК 18

날씨와 계획 오늘 날씨 정말 좋다.

# Времето днес е много хубаво.

## Диалог  🎧 18-1

А: Виж, какво синьо небе! Времето днес е много хубаво.

Б: Нито много студено, нито много горещо. Идеално време за разходка!

А: Да, вече наистина е топла пролет. Почти е като лято.

Б: Какво ще бъде времето това лято? Надявам се, че няма да вали много по време на лятната ваканция.

А: И аз се надявам! Не искам да правя нищо, когато вали дъжд. Имаш ли планове за почивката си?

Б: Да, ще ходя на Черно море, където природата е много красива.

А: 봐봐, 하늘이 어쩜 파란지! 오늘 날씨 정말 좋다.
Б: 너무 춥지도 않고, 너무 덥지도 않네. 산책하기 딱 좋은 날씨다!
А: 그러게, 어느덧 따뜻한 봄이네. 거의 여름 같아.
Б: 이번 여름에는 날씨가 어떨까? 여름 방학 동안에는 비가 많이 안 왔으면 좋겠어.
А: 나도 바라는 바야! 비 올 때는 아무것도 하고 싶지 않아. 휴가는 계획하고 있어?
Б: 자연이 매우 아름다운 흑해 해변가에 갔다 올 거야.

*비격식체 회화

### Думи

**[син – синя – синьо – сини]** 파란(blue)

**небе** 하늘(sky)

**нито ~, нито ~.** 하지 않고, ~하지도 않는 (neither ~ nor ~.)

**[студен – студена – студено – студени]** 추운(cold)

**[горещ – гореща – горещо – горещи]** 더운(hot)

**[идеален – идеална – идеално – идеални]** 이상적인(ideal)

**време** 날씨, 시간, 시제

**разходка** 산책(walk)

**[топъл – топла – топло – топли]** 따뜻한(warm)

**пролет** 봄(spring)

**почти** 거의(almost)

**като** ~처럼, 같은(as, like)

**[летен – лятна – лятно – летни]** 여름의(summer)

**лято** 여름(summer)

**надявам се** 희망하다, 바라다(hope)

**,че** ~라는 것(that)

**вали / валят** (비/눈 등이) 내리다(rain)
*무인칭 동사(단수/복수)

Времето днес е много хубаво.

**ваканция**
방학, 휴가(vacation)

**когато** ~할 때(when)

**дъжд** 비(rain)

단 **план** – 복 **планове**
계획(plan)

[**черен** – **черна** –
**черно** – **черни**]
검은(black)

**море** 바다(sea)

**Черно море**
흑해(Black sea)

**където** ~한 곳(where)

**природа** 자연(nature)

✪ идеално време за + 명사
✪ по време на + 명사
✪ докато + 동사

**дърва** 통나무, 장작
(log, a piece of wood)

## Изрази  18-2

### 1 날씨

| 질문 |

| Какво ще бъде времето _____? <br> = Какво ще е времето _____? | ~에 날씨가 어떨까요? |

| 답변 |

| Времето ще бъде _____. <br> = Времето ще е _____. | 날씨가 ~할 것입니다. |

| 관련 표현 |

| идеално време за _____ | ~하기 딱 좋은 날씨 |

| по време на _____ | ~동안에 (during (the time) of ~) |

| докато _____ | ~하는 동안에 (while ~) |

| 관련 단어 |

〈자연〉 **природа** (nature)

| земя | 땅(land) | небе | 하늘(sky) |
|---|---|---|---|
| море | 바다(sea) | слънце | 해(sun) |
| плаж | 해변(beach) | луна | 달(moon) |
| река | 강(river) | 단 звезда – 복 звезди | 별(star – stars) |
| езеро | 호수(lake) | дъжд | 비(rain) |
| планина | 산(mountain) | сняг | 눈(snow) |
| гора | 숲(forest) | 단 облак – 복 облаци | 구름(cloud – clouds) |
| 단 дърво – 복 дървета | 나무(tree – trees) | вятър | 바람(wind) |
| 단 цвете – 복 цветя | 꽃(flower – flowers) | мъгла | 안개(fog) |

## УРОК 18

〈기온〉 단 **температура** – 복 **температури** (tempertaure – tempertaures)

| | |
|---|---|
| [максимален - максимална - максимално - максимални] | 최고의, 최대의 (maximum) |
| [минимален - минимална - минимално - минимални] | 최저의, 최소의 (minimum) |

| | |
|---|---|
| [горещ - гореща - горещо - горещи] | 뜨거운, 더운 (hot) |
| [топъл - топла - топло - топли] | 따뜻한 (warm) |
| [хладен - хладна - хладно - хладни] | 시원한 (cool) |
| [студен - студена - студено - студени] | 추운 (cold) |

| | |
|---|---|
| [силен - силна - силно - силни] | 강한, 진한 (strong) |
| [слаб - слаба - слабо - слаби] | 약한, 연한 (weak) |

| 동사 | 형용사 |
|---|---|
| грее слънце<br>해가 빛나다 | [слънчев - слънчева - слънчево - слънчеви]<br>화창한 (sunny) |
| духа вятър<br>바람이 불다 | [ветровит - ветровита - ветровито - ветровити]<br>바람이 부는 (windy) |
| има облаци<br>구름이 끼다 | [облачен - облачна - облачно - облачни]<br>구름이 낀 (cloudy) |
| има мъгла<br>안개가 끼다 | [мъглив - мъглива - мъгливо - мъгливи]<br>안개가 낀 (foggy) |
| вали дъжд<br>비가 내리다 | [дъждовен - дъждовна - дъждовно - дъждовни]<br>비가 내리는 (rainy) |
| вали сняг<br>눈이 내리다 | [снежен - снежна - снежно - снежни]<br>눈이 내리는 (snowy) |

**грея**
빛나다, 내리쬐다 (shine)

**духам** 분다, 숨쉬다 (blow)

**вали / валят**
비, 눈 등이 내린다 (rain)
*무인칭 동사(단수/복수)

### 참고

вали / валят는 인칭 변화가 없는 무인칭 동사이므로 해당 대상의 단·복수에만 영향을 받는다.

## 2 계획

질문

| Планирате ли _____? | 격식 ~를 계획하고 있나요? |

- 응용 Планирате ли да ~? — ~하는 것을 계획하고 있나요?
- 응용 Какъв е вашият / твоят план за ~? — 당신의 / 너의 계획은 무엇인가요?
- 응용 Имате ли план (планове) за ~? — ~에 대한 계획이 있나요?

답변

| Планирам _____. | ~를 계획하고 있어요. |

- 응용 Планирам да ~. — ~하는 것을 계획하고 있어요.
- 응용 Имам план (планове) за ~. — ~에 대한 계획이 있어요.

〈동사 활용〉

| 주격 인칭대명사 \ 동사 | 3식 계획하다 (plan) |
| --- | --- |
| аз | планирам |
| ти | планираш |
| той / тя / то | планира |
| ние | планираме |
| Вие / вие | планирате |
| те | планират |

| 관련 단어 |

〈계절, 시즌〉 단 сезон – 복 сезони (season – seasons)

| пролет | лято | есен | зима |
| --- | --- | --- | --- |
| 봄 (spring) | 여름 (summer) | 가을 (fall / autumn) | 겨울 (winter) |

през + пролетта / лятото / есента / зимата
봄 / 여름 / 가을 / 겨울에

**пролет** 봄 / **есен** 가을
→ 예외 여성 명사

## УРОК 18

| [пролетен - пролетна - пролетно - пролетни] | 봄의 (spring) |
| --- | --- |
| [летен - лятна - лятно - летни] | 여름의 (summer) |
| [есенен - есенна - есенно - есенни] | 가을의 (fall/autumn) |
| [зимен - зимна - зимно - зимни] | 겨울의 (winter) |

〈색깔〉 단 цвят − 복 цветове (color – colors)

| [червен - червена - червено - червени] | 빨간색의 (red) |
| --- | --- |
| [оранжев - оранжева - оранжево - оранжеви] | 주황색의 (orange) |
| [жълт - жълта - жълто - жълти] | 노란색의 (yellow) |
| [зелен - зелена - зелено - зелени] | 초록색의 (green) |
| [син - синя - синьо - сини] | 파란색의 (blue) |
| [кафияв - кафиява - кафияво - кафияви] | 갈색의 (brown) |
| [розов - розова - розово - розови] | 분홍색의 (rosy, pink) |
| [лилав - лилава - лилаво - лилави] | 자주색의 (purple) |
| [виолетов - виолетова - виолетово - виолетови] | 보라색의 (violet) |
| [бял - бяла - бяло - бели] | 하얀색의 (white) |
| [черен - черна - черно - черни] | 검은색의 (black) |
| [сив - сива - сиво - сиви] | 회색의 (gray) |
| [сребърен - сребърна - сребърно - сребърни] | 은색의 (sliver) |
| [златен - златна - златно - златни] | 금색의 (gold) |

**сребро** 은

**злато** 금

**[рус – руса – русо – руси]**
금발의 (blond/blonde)

참고

| 색깔 명사 | | |
| --- | --- | --- |
| 색깔을 나타내는 형용사의 중성형 | = | 색깔을 나타내는 형용사 남성형 + цвят |
| червено, оранжево, жълто 등<br>빨강, 주황, 노랑 등 | | червен цвят, оранжев цвят, жълт цвят 등<br>빨간색, 주황색, 노란색 등 |

Времето днес е много хубаво.

# Граматика

● че 절

영어의 that 절과 유사한 역할을 하며 문장과 문장을 연결할 때 쉼표와 함께 사용된다.

| 어순 | , че + (주어) + (се / си) + 동사 |
|---|---|

| мисля<br>знам | + , че + ~ | 난 ~라고 생각한다.<br>난 ~라는 것을 안다. |
|---|---|---|

● 관계대명사 / 관계부사 / 접속사

| 의문사 + то = 관계대명사 / 관계부사 / 접속사 |
|---|

| 무슨/무엇 (what) | 누구 / 어떤 (who / which) | 누구의 (whose) |
|---|---|---|
| [какъв - каква - какво - какви]<br>↓<br>[какъвто - каквото - каквото - каквито]<br>~하는, ~인 | [кой - коя - кое - кои]<br>↓<br>[който - която - което - които]<br>~하는, ~인 | [чий - чия - чие - чии]*<br>↓<br>[чийто - чиято - чието - чиито]*<br>~의, ~를 가진 |

| 어떻게<br>(how) | 얼마<br>(how much/many) | 어디<br>(where) | 언제<br>(when) | 누구를<br>(whom) | 왜<br>(why) |
|---|---|---|---|---|---|
| как<br>↓<br>както<br>~처럼, ~대로 | колко<br>↓<br>колкото<br>~만큼 | къде<br>↓<br>където<br>~한 곳 | кога<br>↓<br>когато<br>~할 때 | кого<br>↓<br>когото<br>~라는 | защо<br>↓<br>защото<br>왜냐하면 |

*кого = кой 의문사의 목적격 형태

성과 수를 가지는 관계대명사는 [чийто – чиято – чието – чиито]를 제외하고는 선행사의 성과 수를 따라간다. 또한 전치사와 함께 사용되는 경우에는 '전치사 + 관계대명사'의 어순을 갖는다.

 참고

의문사 [чий – чия – чие – чии]와 같이 관계대명사 [чийто – чиято – чието – чиито]는 소유자가 아닌 소유 대상의 성과 수를 따라간다.

# Упражнения

**1** 다음 빈칸에 들어갈 알맞은 단어를 기입하시오.

| 명사 \ 수 | 단수형 | 일반 복수형 |
|---|---|---|
| 꽃 | | |
| 색깔 | | |

| 형용사 \ 성·수 | 남성 | 여성 | 중성 | 복수 |
|---|---|---|---|---|
| 빨간색의 | | | | |
| 검은색의 | | | | |
| 파란색의 | | | | |
| 회색의 | | | | |

**2** 다음 내용을 읽고 질문에 '예 / 아니오'로 정답을 표시하시오.

<Прогноза за времето>

Времето в момента в София, България е облачно – около 17 градуса.

Утре стуринта ще вали дъжд със слаб вятър на много места в града. Ще трябва да си вземете чадър.

Минималните температури ще бъдат между 7 и 15 градуса.

От следващата седмица ще бъде по-студено.

[단] **прогноза** -
[복] **прогнози** 예측, 예보

**прогноза за времето**
일기 예보 (weather forecast)

**момент** 순간 (moment)

**градус** (몇) 도 (degree)

Времето днес е много хубаво.

|   | да | не |
|---|---|---|
| 1 현재 소피아의 날씨는 화창하다. | ............ | ............ |
| 2 내일 오후에는 강한 바람과 함께 비가 올 것이다. | ............ | ............ |
| 3 내일 최고 기온은 15도이다. | ............ | ............ |
| 4 다음주부터는 더 추워질 전망이다. | ............ | ............ |

**3** 다음 빈칸에 들어갈 알맞은 단어를 기입하시오.

> Българският флаг се състои от _____, _____ и _____.
> 불가리아 국기는 하양, 초록, 빨강으로 이루어져 있다.

**(национален) флаг**
국기 (national flag)

**състоя се**
구성되다 (consist)

**4** 다음 대화의 빈칸에 들어갈 알맞은 단어를 기입하시오.

> А: Къде планирате _____ отидете на почивка? На море или на планина?
> 휴가 어디로 갈 계획이야? 바다로 아니면 산으로?
>
> Б: Мисля, _____ ще отида на планина. Обичам да се качвам в планината.
> 내 생각에는 산으로 갈 것 같아. 난 등산하는 걸 좋아하거든.

УРОК **18**

**5** 다음 빈칸에 들어갈 알맞은 단어를 기입하시오.

1. 불가리아에는 각각의 매력을 지닌 사계절이 있습니다.

   → В България има четири _____, като всеки от тях има своя чар.

2. 나는 봄이 오기를 기다린다.

   → Чакам идването на _____.

3. 여름에는 자연이 더욱 푸르러진다.

   → През _____ природата става по-зелена.

4. 사람들은 가을만큼 아름다운 계절은 없다고 말한다.

   → Казват, че няма _____, толкова красив, колкото _____.

5. 스키와 스노보드는 겨울 최고의 스포츠이다.

   → Карането на ски и сноуборд е най-добрият спорт през _____.

**чар** 매력(charm)
**идване** 오는 것(coming)
**Казват, че** 사람들이 말하기를(People say) (관용적 표현)
**каране** 타는 것, 운전하는 것(riding)

**6** 다음 빈칸에 들어갈 알맞은 단어를 고르시오.

_____ вали сняг, децата обичам да играят навън, като например, да правят снежен човек.

아이들은 눈이 내리는 동안에 눈사람을 만드는 것과 같이 밖에서 노는 것을 좋아한다.

① по време на    ② през    ③ докато
④ когато         ⑤ време за ⑥ както

**например** 예를 들어(for example)
**снежен човек** 눈사람(snow man)

# УРОК 19

예약과 주문 | 뻬떠르 이바노프 이름으로 7시에 예약했어요.

## Имам резервация за 7 часа на името на Петър Иванов.

### Диалог 🎧 19-1

А: Ало, добър ден! Мога ли да резервирам маса за 7 часа тази вечер?
Б: Да, за колко души и на чие име, моля?
А: Двама. На името на Петър Иванов.

<В ресторанта>
Б: Добър вечер, заповядайте! Имате ли резервация?
А: Да, имаме резервация за 7 часа на името на Петър Иванов.

<Поръчване на храна>
Б: Готови ли сте да поръчате?
А: Да, ще си поръчаме два телешки стека със салата. И какво ще препоръчате за пиене?
Б: Препоръчвам червено вино за ястия с месо. Имаме много добри вина в нашия ресторант.
А: Тогава ще вземем една бутилка червено вино.

А: 여보세요! 오늘 저녁 7시에 테이블 예약할 수 있나요?
Б: 네, 몇 분이시고 예약자 성함은 어떻게 되세요?
А: 두 명이요. 뻬떠르 이바노프 이름으로 예약할게요.

<레스토랑에서>
Б: 어서오세요! 예약하셨나요?
А: 네, 뻬떠르 이바노프의 이름으로 7시 예약했어요.

<음식 주문하기>
Б: 주문하시겠어요?
А: 네, 저희 샐러드가 같이 나오는 소고기 스테이크 두 개 주문할게요. 그리고 마실 것 좀 추천해주시겠어요?
Б: 고기 요리에는 레드 와인을 추천드려요. 저희 레스토랑에는 맛있는 와인들이 많습니다.
А: 그러면 레드 와인 한 병으로 할게요.

*격식체 회화

### Думи

**резервирам** 예약하다(reserve)

**резервация** 예약(reservation)

**[чий – чия – чие – чии]** 누구의(whose)

**поръчка** 주문

**поръчване** 주문하기

[단] **храна** - [복] **храни** 음식(food)

**[готов – готова – готово – готови]** 준비된(ready)

[불] **поръчвам** / [완] **поръчам** 주문하다(order)

**[телешки – телешка – телешко – телешки]** 소/송아지의(beef, veal)

**стек** 스테이크(steak)

**салата** 샐러드(salad)

[불] **препоръчвам** / [완] **препоръчам** 추천하다(recommend)

**пиене** 마시는 것, 마실 것(drinking)

[단] **ястие** – [복] **ястия** 요리(dish – dishes)

**месо** 고기(meat)

[단] **вино** – [복] **вина** 와인(wine)

**бутилка** 병(bottle)

УРОК **1 9**

# Изрази
🎧 19-2

### 1 예약

질문

| Имате ли резервация? | 격식 예약하셨나요? |

답변

| Имам резервация за _____. | ~로 예약했어요. |

응용 Имам резервация за + 시간 / 인원수.　　~시에 / ~명으로 예약했어요.
응용 Имам резервация на името на + 예약자명.　~의 이름으로 예약했어요.

**резервация**
예약 (reservation)

〈동사 활용〉

| 주격 인칭대명사 \ 동사 | 3식<br>예약하다<br>(reserve, book) |
|---|---|
| аз | резервирам |
| ти | резервираш |
| той / тя / то | резервира |
| ние | резервираме |
| Вие / вие | резервирате |
| те | резервират |

| 관련 표현 |

| Мога ли да резервирам + (예약 대상)? | (~를) 예약할 수 있을까요? |
| Искам да резервирам + (예약 대상). | (~를) 예약할게요. |

• резервирам + (예약 대상) + за + 시간 / 인원수
• резервирам + (예약 대상) + на името на + 예약자명

Имам резервация за 7 часа на името на Петър Иванов.

| | |
|---|---|
| Може ли менюто? | 메뉴판 좀 주시겠어요? |
| Може ли сметката? | 계산서 좀 주시겠어요? |

| | |
|---|---|
| За колко души? | 몇 분이세요? |

| | |
|---|---|
| На чие име? | 어떤 이름으로 (예약)하시겠어요? |

| | |
|---|---|
| Мога ли да отменя резервацията си? | 예약을 취소해도 될까요? |
| Мога ли да променя резервацията си? | 예약을 변경해도 될까요? |

○ [чий - чия - чие - чии]
누구의 (whose) → 소유자가 아닌 소유 대상 име의 성과 수를 따름

На чие име? →
Имам резервация на името на + 예약자명.

〈동사 활용 (불완료형 / 완료형)〉

| 주격 인칭대명사 \ 동사 | 3식 / 2식 취소하다, 폐지하다 (cancel) | 3식 / 2식 바꾸다, 변경하다 (change) |
|---|---|---|
| аз | отменям / отменя | променям / променя |
| ти | отменяш / отмениш | променяш / промениш |
| той / тя / то | отменя / отмени | променя / промени |
| ние | отменяме / отменим | променяме / променим |
| Вие / вие | отменяте / отмените | променяте / промените |
| те | отменят / отменят | променят / променят |

[단] **отменяне** –
[복] **отменяния**
취소, 폐지
(cancellation – cancellations)

[단] **промяна** –
[복] **промени**
변경, 변화 (change – changes)

[단] **анулиране** –
[복] **анулирания**
취소, 무효

**анулирам**
취소하다, 무효화하다

УРОК **1 9**

### 2 주문

| 질문 | |
|---|---|
| Какво ще поръчате? | 격식 어떤 것으로 주문하시겠어요? |

| 답변 | |
|---|---|
| Ще си поръчам ⎯⎯⎯. | 저는 ~로 주문할게요. |

응용 Ще взема ~.    저는 ~로 할게요.
응용 За мен(е) ~.    저는 ~요.

**поръчка** 주문
**препоръка** 추천, 추천서

〈동사 활용 (불완료형 / 완료형)〉

| 주격 인칭대명사 \ 동사 | 3식 / 3식<br>주문하다<br>(order) | 3식 / 3식<br>추천하다<br>(recommend) |
|---|---|---|
| аз | поръчвам / поръчам | препоръчвам / препоръчам |
| ти | поръчваш / поръчаш | препоръчваш / препоръчаш |
| той / тя / то | поръчва / поръча | препоръчва / препоръча |
| ние | поръчваме / поръчаме | препоръчваме / препоръчаме |
| Вие / вие | поръчвате / поръчате | препоръчвате / препоръчате |
| те | поръчват / поръчат | препоръчват / препоръчат |

| 관련 표현 |

| Какво ще ми / ни препоръчате? | 격식 저에게 / 우리에게 추천 좀 해주시겠어요? |
|---|---|
| Какво ще ми / ни препоръчаш? | 비격식 나에게 / 우리에게 추천 좀 해주겠니? |

응용 препоръчвам / препоръчам за ~.    ~에 대해서 추천하다.

Имам резервация за 7 часа на името на Петър Иванов.

| | |
|---|---|
| За тук или за вкъщи? | 여기서 드세요 아니면 테이크아웃인가요? |
| Възможна ли е доставка? | 배달이 가능한가요? |
| Гладен / Гладна съм. | 배고파요. (남/여) |
| Нахраних се. | 배불러요. |
| Жаден / Жадна съм. | 목말라요. (남/여) |
| Вкусно е. | 맛있어요. |
| Не е вкусно. | 맛없어요. |
| Добър апетит. | 맛있게 드세요. |
| Наздраве! | 건배! |

[възможен – възможна – възможно – възможни]
가능한 (possible)

доставка
배달, 배송 (delivery)

[гладен – гладна – гладно – гладни]
배고픈 (hungry)

⟨불⟩ нахранвам /
⟨완⟩ нахраня
(배불리, 다) 먹이다

*아오리스트 과거시제: 20강
p.209~213 참고

[жаден – жадна – жадно – жадни]
목마른 (thirsty)

[вкусен – вкусна – вкусно – вкусни]
맛있는 (tasty, delicious)

апетит
입맛, 식욕 (appetite)

кисело мляко 요거트

| 관련 단어 |

⟨맛⟩ 단 вкус – 복 вкусове (taste – tastes)

| | |
|---|---|
| [солен - солна - солно - солни] | 짠 (salty) |
| [сладък - сладка - сладко - сладки] | 달콤한 (sweet) |
| [кисел - кисела - кисело - кисели] | 신 (sour) |
| [горчив - горчива - горчиво - горчиви] | 쓴 (bitter) |
| [лют - люта - люто - люти] | 매운 (hot, spicy) |
| [пикантен - пикантна - пикантно - пикантни] | 알싸한, 톡 쏘는, 구미가 당기는 |

⟨단위⟩ единица мярка (unit of measure)

| | | | |
|---|---|---|---|
| чаша | 잔 (glass, cup, mug) | парче | 조각 (piece) |
| бутилка | 병 (bottle) | кутия | 박스 (box) |
| кен | 캔 (can) | пакет | 팩, 다발, 봉지 (pack, packet) |

# УРОК 19

| порция - порции | (몇) 인분 | литър | 리터 |
|---|---|---|---|
| метър | 미터 | милилитър | 밀리리터 |
| сантиметър | 센티미터 | грам | 그램 |
| километър | 킬로미터 | килограм | 킬로그램 |

〈요리〉 단 **ястие** – 복 **ястия** (dish – dishes)

| предястие | основно (ястие) | десерт |
|---|---|---|
| 식전 요리 | 메인 요리 | 디저트 |

**[основен - основна - основно - основни]**
주요한 (main)

〈메뉴〉 단 **меню** – 복 **менюта** (menu – menus)

| сутрешно меню | обедно меню | вечерно меню |
|---|---|---|
| 아침 메뉴 | 점심 메뉴 | 저녁 메뉴 |

| супа | 수프 | пица | 피자 |
|---|---|---|---|
| салата | 샐러드 | хамбургер | 햄버거 |
| сандвич | 샌드위치 | стек / пържола | 스테이크 |

*паста / спагети / макарони 파스타

**[сутрешен – сутрешна – сутрешно – сутрешни]**
아침의 (morning)

**[обеден – обедна – обедно – обедни]**
점심의, 낮의, 정오의
(lunch, midday)

**[вечерен – вечерна – вечерно – вечерни]**
저녁의 (evening)

〈음식〉 단 **храна** – 복 **храни** (food – foods)

| хляб | 빵 | плодове | 과일 |
|---|---|---|---|
| ориз | 쌀 | зеленчуци | 채소 |
| месо* | 고기 | ядки | 견과류 |
| риба | 생선 | сирене / кашкавал* | 치즈 |
| яйце | 달걀 | кисело мляко | 요거트 |

**говеждо / телешко месо** 소 / 송아지 고기

**свинско месо** 돼지고기

**пилешко месо / пиле** 닭고기

**овче / агнешко месо** 양 / (어린) 양고기

**сирене** 씨레네 (불가리아식 흰 치즈)

**кашкавал** 일반 노란 치즈

Имам резервация за 7 часа на името на Петър Иванов.

⟨향신료 및 조미료⟩ 단 подправка – 복 подправки (spice – spices, seasoning) /
⟨소스⟩ 단 сос – 복 сосове (sauce – sauces)

| сол | 소금 | (краве) масло | 버터 |
|---|---|---|---|
| захар | 설탕 | лют червен пипер / чили на прах | 고춧가루 |
| олио | 오일 | черен / бял пипер | 후추 |
| соев сос | 간장 | оцет | 식초 |
| мед | 꿀 | билка - билки | 허브 |

⟨음료⟩ 단 напитка – 복 напитки (drink – dirinks / beverage – beverages)

**минерална вода**
생수

**газирана вода** 탄산수

**ко̀ла** 콜라
**(кока-ко̀ла / пепси)**
(코카콜라 / 펩시)

**спрайт**
사이다 (스프라이트)

**фанта** 환타

**ракия**
라끼야 (불가리아식 전통 증류주)

**червено/ бяло вино**
레드 / 화이트 와인

**безалкохолна напитка** 무알콜 음료

| (прясно) мляко | 우유 | чай | 차 |
|---|---|---|---|
| сок | 주스 | кафе | 커피 |
| газирани напитки* | 탄산 음료 | вода* | 물 |

⟨술⟩ алкохол (alcohol)

| вино | 와인 | коктейл | 칵테일 |
|---|---|---|---|
| бира | 맥주 | уиски | 위스키 |
| шампанско | 샴페인 | водка | 보드카 |

⟨디저트⟩ 단 десерт – 복 десерти (dessert – desserts)

| торта | 케이크 | сладко / конфитюр | 잼 |
|---|---|---|---|
| пудинг | 푸딩 | бонбон | 사탕 |
| сладолед | 아이스크림 | шоколад | 초콜릿 |

УРОК 19

## Упражнения

**1** 다음 빈칸에 들어갈 알맞은 일반동사를 기입하시오.

1. 어떻게 온라인으로 예약하나요? (How do I book online?)

    → Как да _____ онлайн?

2. 전화로 혹은 사이트에서 주문할 수 있습니다. (You can order by phone or on the site.)

    → Можете да _____ по телефона или в сайта. (격식)

3. 제게 소피아 시내에 있는 괜찮은 식당을 추천해주실 수 있나요?
    (Can you recommend a good restaurant in the center of Sofia?)

    → Може ли да ми _____ добър ресторант в центъра на София? (격식)

**онлайн** 온라인(online)
**сайт** 사이트(site)

**2** 다음 빈칸에 들어갈 알맞은 명사를 기입하시오.

1. 예약 / 주문해주셔서 감사합니다. (Thank you for the reservation / the order.)

    → Благодарим Ви за _____ / _____.

2. 재미있는 책에 관해서 추천들을 받고 싶어요.
    (I want to get recommendations for interesting books.)

    → Искам да получа _____ за интересни книги.

**благодаря** 고마워하다

**3** 다음 빈칸에 들어갈 알맞은 형용사를 기입하시오.

1. 난 시험에 대한 준비가 되어있다. (I'm ready for the exam.)

    → _____ съм за изпита. (남)

2. 날짜를 취소하거나 변경하는 것이 가능합니다.
    (It's possible to cancel or change the date.)

    → _____ е да отмените или промените датата.

**изпит** 시험(exam)

Имам резервация за 7 часа на името на Петър Иванов.

**[полезен – полезна – полезно – полезни]**
유용한 (useful)

**здраве** 건강 (health)

**живот** 삶 (life)

④ 다음 빈칸에 들어갈 알맞은 단어를 고르시오.

> Българското _____ е полезно за здравето и дългия живот.
> 불가리아 요거트는 건강과 장수에 도움이 됩니다.

① мляко  ② прясно мляко  ③ кисело мляко
④ соево мляко  ⑤ шоколадово мляко

⑤ 다음의 표와 대화를 참고하여 Петър가 지불해야 할 금액으로 알맞은 것을 고르시오.

| меню | |
|---|---|
| супа 300мл. 3.47 лв. | хамбургер 3.99 лв. |
| салата 500гр. 4.30 лв. | пица 11.90 лв. (едно парче 2.10 лв.) |
| напитки | |
| вода (минелана / газирана) 2.10 лв./ 3.90 лв. | чай 3.50 лв. |
| кока-кола / спрайт 2.60 лв. | кафе 2.80 лв. |
| доставка | |
| - От понеделник до четвъртък - безплатна доставка | - петък, събота и неделя - цена за доставка 3.00 лв. |

**доставям / доставя**
배달하다 (deliver)

Петър: Хайде да обядваме! През уикенда е най-добре да поръчаме да ни доставят нещо. Какво ще поръчате?
Лия: Ще взема една супа и две парчета пица. И една кока-кола.
Иван: Аз съм на диета. За мене само салата.
Петър: Ще си поръчам една салата и един хамбургер и спрайт. Иване, само салата за обяд? Хей, днес аз черпя!
Иван: Не съм гладен. Добре съм.

**диета** 다이어트, 식단조절 (diet)

① 0.00 лв.  ② 4.30 лв.  ③ 10.27 лв.
④ 10.89 лв.  ⑤ 25.46 лв.  ⑥ 28.46 лв.

УРОК 19

**6** 다음 <보기>를 참고하여 빈칸에 들어갈 알맞은 단어를 기입하시오.

┤ 보기 ├
[силен – силна – силно – силни] 강한, 진한 (strong)
[слаб – слаба – слабо – слаби] 약한, 연한 (weak)

Повечето българи _____ - _____
и _____ кафе, като еспресо.

Ако не е франчайз – Старбъкс, Коста и т.н., може да е трудно да намерите _____ и _____ кафе, като ледено американо в менюто.

대부분의 불가리아인들은 에스프레소와 같이 따뜻하고 진한 커피를 선호합니다.
따라서 스타벅스와 코스타 등등 프랜차이즈 카페가 아니라면, 아이스 아메리카노처럼 차갑고 연한 커피를 메뉴에서 찾기 힘들 수도 있습니다.

**повечето** 대부분(most)
**българи** 불가리아인들(Bulgarians)
**франчайз** 프랜차이즈(franchaise)
**Старбъкс** 스타벅스(Starbucks)
**Коста** 코스타(Costa)
**и така нататък = и т.н.** 기타 등등(et cetera = etc.)
단 **лед** - 복 **ледове** 얼음(ice)
[**леден – ледена – ледено – ледени**] 얼음의, 얼린(iced)

**УРОК 20**

꿈과 경험  세계 일주가 네 꿈인 거 알지.

# Знам, че ти е мечта да пътуваш по света.

## Диалог  🎧 20-1

А: Снощи сънувах, че пътувам по целия свят. Бях толкова щастлива.

Б: Знам, че ти е мечта да пътуваш по света. Защо обичаш да пътуваш?

А: Много обичам да се срещам с други култури и с нови хора. И всеки път, когато пътувам, придобивам ценен опит. Ще продължа да пътувам и в бъдеще. Това е моята цел и мечта.

Б: Коя държава искаш да посетиш най-много?

А: Разбира се, че Южна Корея, където живеят приятелите ми. Исках да отида там миналата година, но не можах. Така че вчера си купих самолетен билет. И този път ще отида!

А: 나 어젯밤에 전 세계를 여행하는 꿈을 꿨어. 정말 행복했어.
Б: 세계 일주가 네 꿈인 거 알지. 여행하는 걸 왜 좋아해?
А: 난 다른 문화를 접하고 새로운 사람들을 만나는 게 정말 좋아. 그리고 매번 여행하면서 값진 경험을 얻을 수 있어. 앞으로도 계속 여행할 거야. 이게 나의 목표이자 꿈이야.
Б: 가장 가보고 싶은 나라는 어디야?
А: 당연히 나의 친구들이 살고 있는 한국이지. 작년에 가고 싶었는데 못 갔거든. 그래서 어제 비행기 표를 끊었어. 이번에 갈 거야!

*비격식체 회화
*관사가 추가된 형태  светът / света
[целият / целия - цялата - цялото - целите]
[ценният / ценния - ценната - ценното - ценните]

### Думи

**снощи = миналата нощ** 어젯밤(last night)

**сънувам** (잘 때) 꿈을 꾸다(dream)

**[цял - цяла - цяло - цели]** 전체의(whole)*

**ⓢ свят – ⓟ светове** 세계(world – worlds)*

**бях** ~했다(was)

**мечта** (~를 소망하는) 꿈(dream)

**ⓢ култура – ⓟ култури** 문화(culture)

**ⓗ придобивам / ⓟ придобия** 얻다(gain)

**[ценен - ценна - ценно - ценни]** 가치있는(valuable)*

**ⓗ продължавам / ⓟ продължа** 계속하다(continue)

**бъдеще** 미래

**цел** 목표(aim, goal, target)

**ⓗ посещавам / ⓟ посетя** 방문하다(visit)

**опит** 경험, 시도 (experience, attempt)

**така че** 그래서(so that)

УРОК **20**

## Изрази
🎧 20-2

### 1 꿈과 잠

질문

| Какво сънувахте? | 격식 무슨 꿈을 꾸셨나요? |
|---|---|
| Какво сънува? | 비격식 무슨 꿈을 꿨니? |

응용 Какво сънувахте / сънува снощи?   어제 무슨 꿈을 꿨나요? / 꿨니?

답변

| Сънувах _____. | ~를 꿈꿨어요. |
|---|---|

응용 Сънувах, че ~.   ~한 꿈을 꿨어요.

단 **сън** – 복 **сънища**
잠, (잘 때 꾸는) 꿈
(sleep, dream – dreams)

**спя** 자다 (sleep)

*아오리스트 과거시제:
 20강 p.209~213 참고

〈동사 활용〉

| 주격 인칭대명사 \ 동사 | 3식 (잘 때) 꿈꾸다 (dream) |
|---|---|
| аз | сънувам |
| ти | сънуваш |
| той / тя / то | сънува |
| ние | сънуваме |
| Вие / вие | сънувате |
| те | сънуват |

| 관련 표현 |

| по време на сън | 자는 동안에 |
|---|---|

Знам, че ти е мечта да пътуваш по света.

### ② 꿈과 경험

[단] **мечта** – [복] **мечти**
(~를 소망하는) 꿈
(dream – dreams)

**сбъдната мечта**
실현된 꿈

[**сбъднат –
сбъдната –
сбъднато –
сбъднати**]
(꿈이) 실현된, 이루어진
(come true)

[불] **сбъдвам (се) /**
[완] **(се) сбъдна**
(꿈을) 이루다(come true)

질문

| Каква е Вашата / твоята мечта?<br>= Каква е мечтата Ви / ти? | 격식 당신의 꿈은 무엇인가요?<br>비격식 너의 꿈은 무엇이니? |

답변

| Моята мечта е _____.<br>= Мечтата ми е _____. | 저의 꿈은 ~입니다. |

응용 Моята мечта е да + 동사. = Мечтата ми е да + 동사.
　　　　　　　　　　　　　　저의 꿈은 ~하는 것입니다.

응용 Мечтая за + 명사.　　　　　　~를 꿈꾸고 있어요.

응용 Мечтая да + 동사.　　　　　　~하는 것을 꿈꾸고 있어요.

〈동사 활용〉

| 주격<br>인칭대명사 \ 동사 | 1식<br>(~를 소망하며) 꿈꾸다<br>(dream) |
|---|---|
| аз | мечтая |
| ти | мечтаеш |
| той / тя / то | мечтае |
| ние | мечтаем |
| Вие / вие | мечтаете |
| те | мечтаят |

참고 💡

[불] **опитвам (се) /**
[완] **(се) опитам**
노력하다, 시도하다(try, attempt)

| [단] опит – [복] опити | 시도 / 경험 |

응용 придобивам / придобия опит　　경험을 얻고 있다. (계속) 얻다. / (한 번) 얻다.

응용 правя опит　　시도를 하고 있다. (계속) 하다.

응용 направя опит　　시도를 (한 번 / 끝까지) 하다.

207

## УРОК 20

| 단 усилие – 복 усилия | 노력 (effort) |
|---|---|

응용 правя усилие — 노력을 하고 있다. (계속) 하다
응용 направя усилие — 노력을 (한 번 / 끝까지) 하다

| 단 цел – 복 цели | 목표 (aim, goal / target) |
|---|---|

응용 поставям си / си поставя (за) цел — 목표를 (목표로) 설정하다

> ○цел 목표 → 예외 여성 명사
> 불 поставям /
> 완 поставя
> 설정하다, 세팅하다 (set)

### 참고

| 과거 (past) | 현재 (present) | 미래 (future) |
|---|---|---|
| минало (време) | сегашно време / настояще | бъдеще (време) |

응용 в миналото / настоящето / бъдеще(то)
과거 / 현재 / 미래에

응용 минало време / сегашно време / бъдеще време
과거시제 / 현재시제 / 미래시제

> [минал - минала - минало - минали]
> 과거의 (past)
>
> [сегашен – сегашна – сегашно – сегашни]
> 현재의 (present, current)
>
> [бъдещ – бъдеща – бъдещо – бъдещи]
> 미래의 (future)

Знам, че ти е мечта да пътуваш по света.

# Граматика

### ● 아오리스트 과거시제

아오리스트 과거시제는 이미 명확하게 종료된 행위를 나타내며 '~했다'로 해석되기 때문에 주로 완료형 동사와 함께 사용할 수 있다. 한편 과거에 일어난 행위가 종료된지 알 수 없거나 현재까지도 지속되는 경우 등에는 아오리스트 과거시제가 아닌 다른 시제들을 사용한다.

〈съм 동사의 아오리스트 과거시제〉

| 주격 인칭대명사 \ 형태 | съм 동사의 아오리스트 과거시제 형태 |
|---|---|
| аз | бях |
| ти | беше (бе) |
| той / тя / то | беше (бе) |
| ние | бяхме |
| Вие / вие | бяхте |
| те | бяха |

✱부정형 не + [ бях / беше (бе) / беше (бе) / бяхме / бяхте / бяха ]

> 참고 ⓘ

беше 대신 бе를 사용하기도 한다.

〈일반동사의 아오리스트 과거시제〉

| 주격 인칭대명사 \ 동사 | 일반동사의 아오리스트 과거시제 어미 형태 |
|---|---|
| аз | -х |
| ти | - |
| той / тя / то | - |
| ние | -хме |
| Вие / вие | -хте |
| те | -ха |

✱부정형 не + [ -х / - / - / -хме / -хте / -ха ]

УРОК 20

〈일반동사의 아오리스트 과거시제〉 – 1식, 2식, 3식 형태 변화 유형

| 1식 | | 형태 변화 과정 | | 일반동사의 어미 형태 |
|---|---|---|---|---|
| [자음] + a | ①* да / та / са / за / ка | а 제거 | | -ох / -е / -е / -охме / -охте / -оха |
| | ② на | | | |
| | ③ ма | ма 제거 | | |
| | ④ ра | а 제거 я 삽입 | | |
| | ⑤ ера | е 제거 | + | -х<br>-<br>-<br>-хме<br>-хте<br>-ха |
| | ⑥ га | г 대신 ж 삽입 | | |
| [а/е/и/у] + я | ⑦ ая / ия / уя | я 제거 | | |
| | ⑧ ея | е 제거 | | |
| [ж/ч/ш] + а | ⑨ жа | ж 대신 з 삽입 | | |
| | ⑩ ча | ч 대신 к 삽입 | | |
| | ⑪ ша | ш 대신 с 삽입 | | |

*1식 ① 유형 → ям과 дам 포함 (예전 형태 яда, дада로 형태 변화)

| 2식 | 형태 변화 과정 | | 일반동사의 어미 형태 |
|---|---|---|---|
| [자음] + я | я 제거 → и 삽입 | | -х<br>-<br>-<br>-хме<br>-хте<br>-ха |
| [о] + я | я 제거 → и 삽입 | + | |
| [ж/ч/ш] + а | а 제거 → и 삽입 | | |

| 3식 | 형태 변화 과정 | | 일반동사의 어미 형태 |
|---|---|---|---|
| -ам | м 제거 | + | -х<br>-<br>-<br>-хме<br>-хте<br>-ха |
| -ям | | | |

Знам, че ти е мечта да пътуваш по света.

〈예시〉

-1식

| | | |
|---|---|---|
| отивам /отида | 가다 | отидох - отиде - отиде - отидохме - отидохте - отидоха |
| чета | 읽다 | четох - чете - чете - четохме - четохте - четоха |
| донасям / донеса | 가져오다 | донесох - донесе - донесе - донесохме - донесохте - донесоха |
| влизам / вляза* | 들어가다 | влязох - влезе - влезе - влязохме - влязохте - влязоха |
| обличам / облека* | 입다 | облякох - облече - облече - облякохме - облякохте - облякоха |
| започвам / започна | 시작하다 | започнах - започна - започна - започнахме - започнахте - започнаха |
| вземам / взема | 가져가다 | взех - взе - взе - взехме - взехте - взеха |
| спирам / спра | 멈추다 | спрях - спря - спря - спряхме - спряхте - спряха |
| разбирам / разбера | 이해하다 | разбрах - разбра - разбра - разбрахме - разбрахте - разбраха |
| мога | 할 수 있다 | можах - можа - можа - можахме - можахте - можаха |
| мечтая | 꿈꾸다 | мечтах - мечта - мечта - мечтахме - мечтахте - мечтаха |
| пия | 마시다 | пих - пи - пи - пихме - пихте - пиха |
| чувам / чуя | 듣다 | чух - чу - чу - чухме - чухте - чуха |
| живея | 살다 | живях - живя - живя - живяхме - живяхте - живяха |
| казвам / кажа | 말하다 | казах - каза - каза - казахме - казахте - казаха |
| плача | 울다 | плаках - плака - плака - плакахме - плакахте - плакаха |
| пиша | 쓰다 | писах - писа - писа - писахме - писахте - писаха |

| ям | 먹다 | ядох - яде - яде - ядохме - ядохте - ядоха |
| --- | --- | --- |
| давам / дам | 주다 | дадох - даде - даде - дадохме - дадохте - дадоха |

* -за 유형(вляза 들어가다, излязa 나가다, сляза 내려가다) 등의 형태 변화 동일
* -ка 유형(се облека 입다, се съблека 벗다) 등의 형태 변화 동일

– 2식

| работя | 일하다 | работих - работи - работи - работихме - работихте - работиха |
| --- | --- | --- |
| броя | 세다 | броих - брои - брои - броихме - броихте - броиха |
| слагам / сложа | 넣다, 두다 (put) | сложих - сложи - сложи - сложихме - сложихте - сложиха |
| уча | 공부하다 | учих - учи - учи - учихме - учихте - учиха |
| решавам / реша | 결정하다 | реших - реши - реши - решихме - решихте - решиха |

– 3식

| имам | 있다 | имах - има - има - имахме - имахте - имаха |
| --- | --- | --- |
| вечерям | 저녁 먹다 | вечерях - вечеря - вечеря - вечеряхме - вечеряхте - вечеряха |

⟨예외⟩

– 1식

[ а / е / и / у ] + я: ⑦ 유형   → я 를 제거하지 않는 경우

| зная | 알다 | знаях - зная - зная - знаяхме - знаяхте - знаяха |
| --- | --- | --- |

* позная 알다, запозная 인사시키다 등은 기존 구분법에 따른 형태 변화
[познах – позна – позна – познахме – познахте – познаха],
[запознах – запона – запозна – запознахме – запознахте – запознаха]

Знам, че ти е мечта да пътуваш по света.

| [ ж / ч / ш ] + а: ⑨ 유형 | | → ежа 대신 яза를 삽입하는 경우 |
|---|---|---|
| режа | 자르다 | рязах - ряза - ряза - рязахме - рязахте - рязаха |

| [ ж / ч / ш ] + а: ⑨ 유형 | | → ж 대신 г 를 삽입하는 경우 |
|---|---|---|
| лъжа | 거짓말 하다 | лъгах - лъга - лъга - лъгахме - лъгахте - лъгаха |

- 2식

| [자음] + я / [ о ] + я 유형 | | → я 를 제거하지 않는 경우 (и 삽입하지 않음) |
|---|---|---|
| виждам / видя | 보다 | видях - видя - видя - видяхме - видяхте - видяха |
| вървя | 걷다, 가다 | вървях - вървя - вървя - вървяхме - вървяхте - вървяха |
| стоя | 서다 | стоях - стоя - стоя - стояхме - стояхте - стояха |

| [자음] + я 유형 | | → я 대신 а 를 삽입하는 경우 (и 삽입하지 않음) |
|---|---|---|
| спя | 자다 | спах - спа - спа - спахме - спахте - спаха |

| [ ж / ч / ш ] + а 유형 | | → а 를 제거하지 않는 경우 (и 삽입하지 않음) |
|---|---|---|
| лежа | 누워 있다 | лежах - лежа - лежа - лежахме - лежахте - лежаха |
| мълча | 침묵 하다 | мълчах - мълча - мълча - мълчахме - мълчахте - мълчаха |

УРОК 20

## Упражнения

**1** 다음 빈칸에 съм 동사의 아오리스트 과거시제 형태를 기입하시오.

| аз | ти | той / тя / то |
|---|---|---|
|  |  |  |

| ние | Вие / вие | те |
|---|---|---|
|  |  |  |

**2** 다음과 같이 색으로 표시된 일반동사를 아오리스트 과거시제로 기입하시오.

| 불완 | идвам<br>дойда | излизам<br>изляза | събличам<br>съблека |
|---|---|---|---|
| аз |  |  |  |
| ти |  |  |  |
| той/тя/то |  |  |  |
| ние |  |  |  |
| Вие / вие |  |  |  |
| те |  |  |  |

| 불완 | срещам<br>срещна | вземам<br>взема | спирам<br>спра |
|---|---|---|---|
| аз |  |  |  |
| ти |  |  |  |
| той/тя/то |  |  |  |
| ние |  |  |  |
| Вие / вие |  |  |  |
| те |  |  |  |

Знам, че ти е мечта да пътуваш по света.

| 불/완 | разбирам разбера | мога | играя |
|---|---|---|---|
| аз | | | |
| ти | | | |
| той/тя/то | | | |
| ние | | | |
| Вие/вие | | | |
| те | | | |

| 불/완 | живея | ходя | виждам видя |
|---|---|---|---|
| аз | | | |
| ти | | | |
| той/тя/то | | | |
| ние | | | |
| Вие/вие | | | |
| те | | | |

| 불/완 | броя | стоя | нямам |
|---|---|---|---|
| аз | | | |
| ти | | | |
| той/тя/то | | | |
| ние | | | |
| Вие/вие | | | |
| те | | | |

УРОК **20**

| 불<br>완 | ям | давам<br>дам | получавам<br>получа |
|---|---|---|---|
| аз | | | |
| ти | | | |
| той/тя/то | | | |
| ние | | | |
| Вие / вие | | | |
| те | | | |

**3** 다음 빈칸에 들어갈 알맞은 단어에 해당하는 번호를 선택하여 기입하시오.

По _____ ден си мислих какво е най- _____
за мен в _____.
나는 내게 세상에서 제일 소중한 것이 무엇인지 하루 종일 생각했다.

① ценният   ② ценния   ③ целият   ④ целия   ⑤ цветя

⑥ цял   ⑦ цел   ⑧ ценното   ⑨ ценната   ⑩ цвят

⑪ свят   ⑫ света   ⑬ цвете   ⑭ цветове   ⑮ светове

**4** 다음 빈칸에 들어갈 알맞은 단어를 기입하시오.

| 어제 | 오늘 저녁 | 어젯밤 |
|---|---|---|
| | тази _____<br>= _____ | миналата _____<br>= _____ |

Знам, че ти е мечта да пътуваш по света.

**5** 다음 빈칸에 들어갈 알맞은 단어를 기입하시오.

1 아기들과 아이들은 낮잠 시간이 필요하다.
  (Babies and children need time for an afternoon sleep.)

  → Бебетата и децата имат нужда от време за следобеден ................... .

2 좋은 꿈 꾸세요! (Sweet dreams!)

  → Сладки ................... !

3 많은 노력들과 함께 새로운 시도를 할 것이다. (I'll make a new attempt with many efforts.)

  → Ще направя нов ................... с много ................... .

4 몇 년 전, 학교에서 많은 중요한 경험들을 얻었다.
  (I've gained a lot of experiences in school.)

  → Преди няколко години придобих много ................... в училището.

**[следобеден – следобедна – следобедно – следобедни]**
오후의 (afternoon)

**дрямка** 선잠, 낮잠 (nap)

**6** 다음 문장을 해석하시오.

Аз ще продължа да се опитвам за да сбъдна моята мечта.

→ ................................................... .

217

# 해답

## УРОК 01

**1**
1 Здравейте! / Здравей!
2 Довиждане.

**2**
1 Добро  2 Добър  3 Добър
4 добре  5 Добре  6 добре

**3**
1 (b)  2 (a)  3 (a)
4 (b)  5 (b)  6 (c)

**4**
съм / А / съм

А: Здравейте! Как сте?
Б: Добре съм. А Вие как сте?
А: Много съм добре.

**5**
1 той  2 тя  3 те
4 вие  5 госпожица Николова
6 господин Иванов и госпожа Иванова

**6**
1 (f)  2 (c)  3 (g)
4 (b)  5 (a)  6 (e)
7 (d)  8 (h)

## УРОК 02

**1**
1 Да.  2 Не.  3 Благодаря.
4 Извиете. / Извинявай.  5 Съжалявам.

**2** ④, ⑥, ⑧, ⑪

**3**

| 형용사 | 부사 |
|---|---|
| добра - добро - добри | добре |

1 Добра

**4**
1 ②  2 ②

**5**
1 не съм добре. / Не съм добре.
2 Не е така.
3 Не е вярно.

**6**
1 се  2 също  3 Много
4 моля  5 моля  6 така

## УРОК 03

**1**
1 Аз съм  2 Ти си  3 Той е
4 Тя е  5 Ние сме  6 Вие сте
7 Вие сте  8 Те са

**2**
1 м  2 ш  3 (없음)
4 (없음)  5 ме  6 те
7 те  8 т

218

**3** ②

**4**
1 Как се казвате?    2 Как се казваш?

**5**

| 형용사 | 부사 |
|---|---|
| приятна - приятно - приятни | приятно |

1 Приятно    2 Приятен    3 Приятна

**6**
1 ②    2 ②    3 ⑤
4 ②, ③

## УРОК 04

**1** ④

**2**

| 그리고 | 그런데, 하지만 | ~에서, ~에서부터 | ~에 관한, ~에 따라 |
|---|---|---|---|
| и | а | от | по |

| 무슨/무엇 | какъв - каква - какво - какви |
|---|---|
| 어디, 어디에 | къде |
| 어디에서, 어디에서부터 | откъде |

1 Откъде    2 От    3 от / а / от
4 и / от    5 Каква / по    6 От

**3** ②, ④

**4** ②, ③

**5**
1 Откъде сте?
2 Откъде си?
3 От София, България.
4 Аз съм от Сеул, Южна Корея.

**6**
1 южна / южно / южни    – (a)
2 северна / северно / северни    – (d)
3 западна / западно / западни    – (b)
4 източна / източно / източни    – (c)

## УРОК 05

**1**
1 이름    2 국가    3 국적
4 직업    5 언어

**2**
1 Как    2 Откъде    3 Какъв
4 ли    5 Какво    6 Какви
7 Как    8 Как    9 ли
10 Каква

**3**
1 ③ е    2 ③ е    3 ③ си
4 ⑤ са

**4**
1 Говорите ли английски (език)?
2 Аз говоря корейски (език).
3 Аз уча български (език).
4 Аз работя във Франция.

**5**
Здравейте, всички! Казвам се ○○○.
Аз съм студент(ка) от Южна Корея и следвам български (език). Приятно ми е (да се запознаем).

**6**
1 нали    2 Нали    3 Така ли
4 на    5 Така    6 Наистина

## УРОК 06

**1** Какво е това?

**2** Това / това / това

**3** ⑥

**4**

| 이 | тази - това - тези |
|---|---|
| 저 | онази - онова - онези |
| 큰 | голяма - голямо - големи |
| 작은 | малка - малко - малки |

1 Този голям
2 Тази голяма
3 Това голямо
4 Онзи малък / Онова малко
5 Онази малка / Онази малка
6 Онова малко / Онова малко

**5** Има / няма

**6**

1 м, един / м, компютри
2 ш, една / ш, книги
3 (없음), един / (없음), вестници
4 (없음), едно / (없음), бюра
5 ме, един / ме, ключове
6 те, една / те, тетрадки
7 те, едно / те, списания
8 т, един / т, чайове

## УРОК 07

**1**
нула едно нула две три четири пет шест седем осем девет

**2**
един / една / едно
два / две / две

**3**
1 четиридесет и три плюс шестнадесет (шестнайсет) е равно на петдесет и девет
2 осемдесет и седем минус двадесет (двайсет) и пет не е равно на тридесет (трийсет) и три
3 единадесет(единайсет) умножено по дванадесет(дванайсет) е равно на сто тридесет(трийсет) и две
4 сто и деветдесет делено на десет е равно на деветнадесет (деветнайсет)

**4** ③

**5** един / един / един

**6**
1 първи – първа – първо – първи
2 втори – втора – второ – втори
3 трети – трета – трето – трети
4 четвърти – четвърта – четвърто – четвърти
5 пети – пета – пето – пети
6 шести – шеста – шесто – шести
7 седми – седма – седмо – седми
8 осми – осма – осмо – осми
9 девети – девета – девето – девети
10 десети – десета – десето – десети
11 един път
12 два пъти
13 три пъти
14 много пъти

## УРОК 08

**1**
1 Колко струва това?
2 Колко струва всичко?
3 Колко струват тези очла?

**2**

| 돈 | 가격 |
|---|---|
| пари | цена |

**3** ③

**4**
1 евтино
2 скъпо
3 Безплатно
4 Заповядайте
5 Ето

**5**
1 молива
　Аз имам един молив.
　Той има два молива.
　Ние имаме няколко молива.
　Те имат много моливи.
2 чая
　Аз искам едни чай.
　Тя иска два чая.
　Ние искаме няколко чая.
　Те искат много чайове.
3 книги
　Дайте ми една книга
　Дайте ми две книги
　Дайте ми няколко книги
　Дайте ми много книги
4 кафета
　дайте ми едио кафе.
　дайте ми две кафета.
　дайте ми няколко кафета.
　дайте ми много кафета.
5 души
　Има един човек.
　Има двама души.
　Има няколко души.
　Има много хора.

## УРОК 09

**1**
1 Колко е часът?
2 В колко часа започва и завършва тази лекция?
3 Колко време отнема?

**2** половин час

**3**
1 точно един
2 два и пет
3 три и двадесет (двайсет)
4 четири и половина
5 пет и тридесет (трийсет) и пет
6 шест и четридесет (четирийсет)
7 седем без петнадесет (петнайсет)
8 осем и петдесет
9 девет и петдесет и пет
10 десет без десет
11 единадесет и единадесет (единайсет и единайсет)
12 дванадесет и дванадесет (дванайсет и дванайсет)

**4** ①. ③. ⑤

**5** от, до, без / за

**6**
1 (j)　　2 (h)　　3 (a)
4 (b)　　5 (d)　　6 (c)
7 (e)　　8 (i)　　9 (g)
10 (f)

## УРОК 10

**1**

Кой ден е днес?

| 어제 | 오늘 | 내일 |
|---|---|---|
| вчера | днес | утре |

| 월요일 | понеделник | 화요일 | вторник |
|---|---|---|---|
| 수요일 | сряда | 목요일 | четвъртък |
| 금요일 | петък | 토요일 | събота |
| 일요일 | неделя | | |

**2** ③

**3** ⑥

**4**
1 (c)   2 (b)
3 (a)   4 (d)

**5**
1 Коя дата е днес?
2 Има Нова година през януари и Коледа през декември. / През януари има Нова година, а през декември – Коледа.

| 1월 1일 | първи януари |
| 2월 2일 | втори февруари |
| 3월 3일 | трети март |
| 4월 4일 | четвърти април |
| 5월 5일 | пети май |
| 6월 6일 | шести юни |
| 7월 7일 | седми юли |
| 8월 8일 | осми август |
| 9월 9일 | девети септември |
| 10월 10일 | десети октомври |
| 11월 11일 | единадесети (единайсети) ноември |
| 12월 12일 | дванадесети (дванайсети) декември |

**6**

| 생일 | 생일 축하합니다! |
|---|---|
| рожден ден | Честит рожден ден! |

1 Кога сте роден?
2 Родена съм на тридесет (трийсет) и първи октомври.
3 Той е роден през август в Южна Корея.
4 Тя е родена през хиляда деветстотин деветдесет и втора година.

## УРОК 11

**1**
1 театърът / театъра
2 музеят / музея
3 банката / първия
4 гишето / горния
5 децата и студентите / долния

**2** ⑤

**3** началото / средата / края / ъгъла

**4** ③

**5** Търся спирката наблизо. Знаете ли къде е?
1 예        2 예
3 아니오   4 아니오

**6**
1 (c)   2 (d)   3 (b)
4 (a)   5 (e)   6 (f)

## УРОК 12

**1**
1. Какво правите?  2. Какво правиш?

**2**
1. от  2. да
3. далече / близо

**3** всеки / работен / почивен

**4**

| 전혀 ~ 않는 | 드물게 | 가끔 |
|---|---|---|
| никога не | рядко | понякога |
| 보통 | 자주 | 항상 |
| обикновено | често | винаги |

**5**

| 일반동사 \ 형태 | 불완료형 | 완료형 |
|---|---|---|
| 가다 | отивам | отида |
| 오다 | идвам | дойда |

**6**
1. А: Къде отивате?
   Б: Отивам на работа.
2. А: Къде отиваш?
   Б: Отивам до тоалетната.
3. А: Къде сте?
   Б: Отивам в болницата.
4. А: Къде си?
   Б: Идвам сега.
5. А: Често ли идвате тук?
   Б: Всеки ден идвам тук.
6. А: Къде искате да отидете?
   Б: Искам да отида да уча в България.
7. А: Защо утре отидете в Южна Корея?
   Б: Понякога трябва да ходя в Южна Корея заради работа.
8. А: Искаш ли пак да отидеш там?
   Б: Не, тук искам да дойда пак.

## УРОК 13

**1**
Живея в апартамент на първия етаж с куче и котка.

**2**

| 집, 주택 | 집 | |
|---|---|---|
| къща | дом | |
| 주택에, 주택 안에 | 집에, 집으로 | |
| в къщата | вкъщи | у дома |

1. Дом / дом  2. вкъщи

**3**

| 버스 | автобус | 택시 | такси |
|---|---|---|---|
| 트램 | трамвай | 자동차 | кола (автомобил) |
| 트롤리 | тролей | 자전거 | колело (велосипед) |
| 지하철 | метро | 오토바이 | мотоциклет |
| 기차, 열차 | влак | 비행기 | самолет |

**4**
1. А: Как пътувате до Южна Корея?
   Б: Пътувам със самолет.
2. А: Как пътуваш до училището?
   Б: Ходя пеш.
3. А: С какво пътувате?
   Б: Карам кола или вземам автобус.

**5**
1. стигна  2. взема  3. купя

**6**
1. гише
2. тръгване / заминаване
3. пристигане

## УРОК 14

**1**

| 소유격 인칭대명사 | 단어 미형 | 장어미형 |
|---|---|---|
| 나의 | ми | мой - моя - мое - мои |
| 너의 | ти | твой - твоя - твое - твои |
| 그의 | му | негов - негова - негово - негови |
| 그녀의 | й | неин - нейна - нейно - нейни |
| 그것의 | му | негов - негова - негово - негови |
| 우리의 | ни | наш - наша - наше - наши |
| 당신의 / 너희들의 | Ви / ви | [Ваш - Ваша - Ваше - Ваши] / [ваш - ваша - ваше - ваши] |
| 그들의 | им | техен - тяхна - тяхно - техни |
| 자기자신의 | си | свой - своя - свое - свои |

**2**
1 Той е баща ми. / Той е моят баща.
2 Тя е майка ми. / Тя е моята майка.

**3**
1 човек / хора
2 мъж / мъже
3 жена / жени
4 дете / деца
5 момче / момчета
6 момиче / момичета
7 приятел / пряттели (приятелка / приятелки)
8 колега / колеги

**4**
① семейство / семейства
② родтиел / родтиели
③ баща / бащи
④ майка / майки
⑤ съпруг / съпрузи
⑥ съпруга / съпруги
⑦ дядо / дядовци
⑧ баба / баби
⑨ брат / братя
⑩ сестра / сестри
⑪ син / синове
⑫ дъщеря / дъщери

**5**
• 관사를 사용할 수 있는 단어: ①, ②, ⑤, ⑥, ⑪
• 관사를 사용할 수 없는 단어: ③, ④, ⑦, ⑧, ⑨, ⑩, ⑫

**6** ⑥

**7**
1 петима → пет
2 брати → братя
3 приятелите му → приятелите си
4 Голямото семейство му → Гоямото му семейство

## УРОК 15

**1**

| 목적격 인칭대명사 | 단어미형 | 장어미형 |
|---|---|---|
| 나를 | ме | мене (мен) |
| 너를 | те | тебе (теб) |
| 그를 | го | него |
| 그녀를 | я | нея |
| 그것을 | го | него |
| 우리를 | ни | нас |
| 당신을 / 너희들을 | Ви, ви | Вас, вас |
| 그들을 | ги | тях |
| 자기 자신을 | се | себе си |

**2**

| 수여격 인칭대명사 | 단어미형 | 장어미형 |
|---|---|---|
| 나에게 | ми | на мене (на мен) |
| 너에게 | ти | на тебе (на теб) |
| 그에게 | му | на него |
| 그녀에게 | й | на нея |
| 그것에게 | му | на него |
| 우리에게 | ни | на нас |
| 당신에게 / 너희들에게 | Ви, ви | на Вас, на вас |
| 그들에게 | им | на тях |
| 자기 자신에게 | си | на себе си |

**3** ⑤

**4**
1. Ви / те
2. ме
3. ми
4. Ви / ти
5. го / я / го / ги

**5**
1. си / на себе си
2. се / себе си

**6**
1. Може ли да вляза?
2. Може ли да отворя прозорците?

**2** ④

**3**
А: обичате / стоите / излизате
Б: предпочитам / прекарвам

**4**
1. казвам
2. говоря
3. виждам
4. гледам
5. чувате
6. Слушам

## УРОК 16

**1**
гледам / слушам / чета / пиша / играя / свиря / ходя / уча

| 동사<br>주격<br>인칭대명사 | 3식<br>보다 | 3식<br>듣다 | 1식<br>읽다 | 1식<br>쓰다 |
|---|---|---|---|---|
| аз | гледам | слушам | чета | пиша |
| ти | гледаш | слушаш | четеш | пишеш |
| той / тя / то | гледа | слуша | чете | пише |
| ние | гледаме | слушаме | четем | пишем |
| Вие / вие | гледате | слушате | четете | пишете |
| те | гледат | слушат | четат | пишат |

| 동사<br>주격<br>인칭대명사 | 1식<br>게임/스포츠<br>를 하다 | 2식<br>연주하다 | 2식<br>다니다,<br>가다 | 2식<br>공부하다 |
|---|---|---|---|---|
| аз | играя | свиря | ходя | уча |
| ти | играеш | свириш | ходиш | учиш |
| той / тя / то | играе | свири | ходи | учи |
| ние | играем | свирим | ходим | учим |
| Вие / вие | играете | свирите | ходите | учите |
| те | играят | свирят | ходят | учат |

## УРОК 17

**1**
1. Ало.
2. Дочуване.

**2**
1. Свободен ли сте вдрутиден?
2. Заета ли си в събота или неделя?
3. Какво ще правите следващата седмица?

**3**
1. Ще се видим утре.
2. Няма да ти се обадя.

**4** Нека / хайде

**5**
1. ще бъда / няма да бъда
2. ще бъдеш / няма да бъдеш
3. ще бъде / няма да бъде
4. ще бъде / няма да бъде
5. ще бъде / няма да бъде
6. ще бъдем / няма да бъдем
7. ще бъдете / няма да бъдете
8. ще бъдете / няма да бъдете
9. ще бъдат / няма да бъдат

**6** телефони

## УРОК 18

**1**

| 수<br>명사 | 단수형 | 일반 복수형 |
|---|---|---|
| 꽃 | цвете | цветя |
| 색깔 | цвят | цветове |

| 성·수<br>형용사 | 남성 | 여성 | 중성 | 복수 |
|---|---|---|---|---|
| 빨간색의 | червен | червена | червено | червени |
| 검은색의 | черен | черна | черно | черни |
| 파란색의 | син | синя | синьо | сини |
| 회색의 | сив | сива | сиво | сиви |

**2**
1 아니오  2 아니오
3 아니오  4 예

**3** бяло / зелено / червено

**4** да / че

**5**
1 сезона  2 пролетта
3 лятото  4 сезон / есента
5 зимата

**6** ③

## УРОК 19

**1**
1 резервирам  2 поръчате
3 препоръчате

**2**
1 резервацията / поръчката
2 препоръки

**3**
1 Готов  2 Възможно

**4** ③

**5** ⑥

**6** предпочитат / топло / силно / студено / слабо

## УРОК 20

**1**

| аз | ти | той / тя / то |
|---|---|---|
| бях | беше (бе) | беше (бе) |
| ние | Вие / вие | те |
| бяхме | бяхте | бяха |

**2**

| 불<br>완 | идвам<br>дойда | излизам<br>изляза | събличам<br>съблека |
|---|---|---|---|
| аз | дойдох | излязох | съблякох |
| ти | дойде | излезе | съблече |
| той / тя / то | дойде | излезе | съблече |
| ние | дойдохме | излязохме | съблякохме |
| Вие / вие | дойдохте | излязохте | съблякохте |
| те | дойдоха | излязоха | съблякоха |

| 불/완 | срещам срещна | вземам взема | спирам спра |
|---|---|---|---|
| аз | срещнах | взех | спрях |
| ти | срещна | взе | спря |
| той / тя / то | срещна | взе | спря |
| ние | срещнахме | взехме | спряхме |
| Вие / вие | срещнахте | взехте | спряхте |
| те | срещнаха | взеха | спряха |

| 불/완 | разбирам разбера | мога | играя |
|---|---|---|---|
| аз | разбрах | можах | играх |
| ти | разбра | можа | игра |
| той / тя / то | разбра | можа | игра |
| ние | разбрахме | можахме | играхме |
| Вие / вие | разбрахте | можахте | играхте |
| те | разбраха | можаха | играха |

| 불/완 | живея | ходя | виждам видя |
|---|---|---|---|
| аз | живях | ходих | видях |
| ти | живя | ходи | видя |
| той / тя / то | живя | ходи | видя |
| ние | живяхме | ходихме | видяхме |
| Вие / вие | живяхте | ходихте | видяхте |
| те | живяха | ходиха | видяха |

| 불/완 | броя | стоя | нямам |
|---|---|---|---|
| аз | броих | стоях | нямах |
| ти | брои | стоя | няма |
| той / тя / то | брои | стоя | няма |
| ние | броихме | стояхме | нямахме |
| Вие / вие | броихте | стояхте | нямахте |
| те | броиха | стояха | нямаха |

| 불/완 | ям | давам дам | получавам получа |
|---|---|---|---|
| аз | ядох | дадох | получих |
| ти | яде | даде | получи |
| той / тя / то | яде | даде | получи |
| ние | ядохме | дадохме | получихме |
| Вие / вие | ядохте | дадохте | получихте |
| те | ядоха | дадоха | получиха |

**3** ⑥, ⑧, ⑫

**4** вчера / вечер, довечера / нощ, снощи

**5**
1 сън
2 сънища
3 опит / усилия
4 опити

**6**
나는 나의 꿈을 이루기 위해서 계속 노력할 것이다.

## 출판사, 저자, 강사, 독자가 공존하기 위한 문예림 정책

### 평등한 기회와 공정한 정책으로
### 올바른 출판문화를 이끌도록 하겠습니다.

### 저 자

**1 도서의 판매부수에 따라 인세를 정산하지 않습니다.**
우리는 도서 판매여부와 관계없이 초판, 증쇄 발행 후 30일 이내 일괄 지급합니다. 보다 좋은 콘텐츠 연구에 집중해주십시오. 판매보고는 반기별로, 중쇄 계획은 인쇄 60일 전 안내합니다.

**2 도서 계약은 매절로 진행하지 않습니다.**
매절계약은 불합리한 계약방식입니다. 이러한 방식은 저자들의 집필 의욕을 저해시키며, 결국에는 생존력 짧은 도서로 전락하고 맙니다.

**3 판매량을 기준으로 절판하지 않습니다.**
판매량에 따라 지속 판매 여부를 결정하지 않으며 전문성, 영속성, 희소성을 기준으로 합니다.

### 강 사

**1 동영상강의 콘텐츠 계약은 매절로 진행하지 않습니다.**
우리는 강사님의 소중한 강의를 일괄 취득하는 행위는 하지 않으며, 반기별 판매보고 후 정산합니다.

**2 유료 동영상강의 인세는 콘텐츠 순 매출액의 20%를 지급합니다.(자사 사이트 기준)**
우리는 가르침의 의미를 소중히 알며, 강사와 공존을 위하여 업계 최고 조건으로 진행합니다.

**3 판매량에 따라 동영상강의 서비스를 중단하지 않습니다.**
판매량에 따라 서비스 제공 여부를 결정하지 않으며 지속가능한 의미가 있다면 유지합니다. 전문성, 영속성, 희소성을 기준으로 합니다.

### 독자 및 학습자

**1 도서는 제작부수에 따라 정가를 정합니다.**
적절한 정가는 저자가 지속적인 연구할 수 있는 기반이 되며, 이를 통해 독자와 학습자에게 전문성 있는 다양한 콘텐츠로 보답할 것입니다.

**2 도서 관련 음원(MP3)은 회원가입 없이 무료제공됩니다.**
원어민 음원은 어학학습에 반드시 필요한 부분으로 아무런 제약 없이 자유롭게 제공합니다. 회원가입을 하시면 보다 많은 서비스와 정보를 얻으실 수 있습니다.

**3 모든 콘텐츠는 책을 기반으로 합니다.**
우리의 모든 콘텐츠는 책에서부터 시작합니다. 필요한 언어를 보다 다양한 콘텐츠로 제공하도록 하겠습니다.